부모가 바우면
아이는
채워진다

부모가 비우면 아이는 채워진다

초판 1쇄 발행 2011년 12월 26일
초판 3쇄 발행 2015년 4월 10일

지은이 손병일
펴낸이 고영은 박미숙

편집이사 인영아
뜨인돌기획팀 박경수 강은하 김현정 김영은
뜨인돌어린이기획팀 이경화 여은영 | 디자인실 김세라 오경화
마케팅팀 오상욱 진영수 | 경영지원팀 김용만 임진희

본문디자인 디자인 팬더

펴낸곳 뜨인돌출판(주) | 출판등록 1994.10.11(제300-2014-157호)
주소 110-062 서울시 종로구 경희궁1길 10-1
홈페이지 www.ddstone.com | 블로그 blog.naver.com/ddstone1994
노빈손 www.nobinson.com | 페이스북 www.facebook.com/ddstone1994
대표전화 02-337-5252 | 팩스 02-337-5868

ⓒ 2011, 손병일

ISBN 978-89-5807-362-8 13590
(CIP제어번호 : CIP2011005476)

굴절된 세상에서 아이를 바르게 키우는 연습

부모가 비우면 아이는 채워진다

| 손병일 지음 |

뜨인돌

머리말

싹이 나오지 않은 화분
우리 교육의 자화상

아내가 맡고 있는 초등학교 4학년 교실에서 있었던 일입니다. 아내는 아이들에게 콩이 열리는 것을 보여 주기 위해 화분에 완두콩을 심었습니다. 사나흘이면 싹이 나오는데 웬일인지 싹이 나올 생각을 하지 않았습니다. 일주일이 지났을 즈음 이상하게 여긴 아내가 아이들에게 물었습니다.

"벌써 싹이 나왔어야 하는데 왜 아직 안 나오는 걸까? 누구 화분에 손댄 사람 있니?"

그제야 몇 명의 아이들이 주뼛거리며 이실직고를 했습니다.

"선생님, 싹은 안 나오고 떡잎이 나와서 계속 흙 속으로 눌렀어요. 싹 빨리 나오라고…."

"얘들아, 완두콩 싹은 떡잎이 벌어지면서 나오는 거야. 그걸 모르고 애꿎은 떡잎만 눌렀구나."

아내는 어이없어 웃다가 퍼뜩 한 가지 깨달음을 얻었다고 합니다. 완두콩 싹을 지나치게 사랑한 아이들의 모습에서 학부모님들의 모습이 겹쳐 보였던 것입니다. 아이들을 너무나 사랑한 나머지 공부의 싹이 빨리 나오길 바라며 떡잎을 누르고 있는 부모들…. 먼저 나온 떡잎이 떨어지면 저절로 공부의 싹이 나올 텐데 그때까지 기다려 주지 못하는 부모님들이 너무나 안타까웠다고 합니다.

그렇습니다. 싹이 나오지 않은 화분은 과잉된 교육열로 망가져 가고 있는 우리나라 가정의 자화상과 같습니다. 떡잎이 벌어질 때까지 기다려 주지 못하는 부모는 '사랑하면 할수록' 아이가 불행해집니다.

싹이 나 보지도 못한 채 떡잎인 채로 땅속에 파묻히고 있는 아이들은 어떻게 될까요? 무서운 말입니다만, 죽거나 괴물이 될 것입니다. 실제로 아이들은 점점 괴물이 되고 있습니다. 제 부모에게 욕을 하는 아이들은 양반입니다. 자신을 억압하는 아버지에게 복수하기 위해 집에 불을 질러 온 가족이 타 죽게 한 아이가 있습니다. 어렸을 때부터 성적을 탓하며 골프채로 때리던 어머니를 죽이고 8개월 동안 안방에 방치한 아이도 있습니다.

지금 우리 교육은 위기가 분명합니다. 수업 시간에 교실과 복도를 돌아다니는 아이들, 욕설과 왕따로 서로를 공격하는 아이들, 교사에게 욕을 하고 폭력을 휘두르는 아이들…. 저마다 폭탄을 품고서 건드리기만 하면 폭발시켜 버리겠다는 듯 으르렁거리는 모습들이 칼에 찔린 맹수들 같습니다. 그런 아이들의 가정을 들여다보면 황폐하기 이를 데 없습니다. 부모들이 존경과 사랑의 대상이 아니라 증오와 경멸의 대상으로 전락해 있습니다.

이 절망의 상태는 어디에서 시작된 것일까요? 아이의 싹이 나올 때까지 기다려 주지 못하는 부모의 마음에서 비롯된 게 아닐까요? 그 마음에는 내 아이가 경쟁에서 승리하여 상위의 직업을 갖길 바라는 욕망의 바퀴가 있습니다. 그리고 내 아이가 경쟁에서 낙오하여 찌질한 직업을 갖는 걸 두려워하는 공포의 바퀴가 짝을 이루고 있습니다. 이 탐욕과 두려움이 아이들의 떡잎을 짓누르고 있는 손길의 실체일 것입니다. 그것을 사랑과 관심이라는 이름으로 포장하여 아이들의 목을 조르고 있는지 모릅니다.

이 불행의 굴레에서 빠져 나갈 길은 진정 없을까요? 길이 없다면 만들어서라도 찾아가야 하지 않을까요? 어렵고 힘든 일이지만 그 길을 찾다 보니 어렴풋이 보입니다. 그것은 다름 아닌 우리의 마음을 비우는 것, 즉 마음이 가난해지는 것입니다. '마음이란 건 채워서 부유해져야 되는 것일 텐데 왜 가난해져야 하지?' 하고 의문을 품는 분들이 있을 것입니다. 네, 부유해져야 합니다. 그런데 마음은 가난해져야만 부유해질 수 있습니다.

'가난한 마음'은 예수가 하신 말씀입니다. 예수는 마음이 가난한 사람은 행복하며 천국을 얻게 될 것이라고 했습니다. 가난한 마음은 욕망과 두려움 덩어리인 자아를 내려놓은 상태를 의미할 것입니다. 마음을 내려놓으면 그곳이 천국이 된다는 말입니다. 오늘 우리의 가정이 지옥이 되었다면, 마음을 내려놓았는지 점검해야 합니다.

저는 가난한 마음을 탐구하면서 두 가지 작업을 병행했습니다. 먼저 교육을 황폐화하고 있는 두려움과 탐욕의 정체를 밝히려고 했습니다. 우리의 학교와 가정이 어떻게 무너지고 있는지 낱낱이 파헤쳐 보았습니다. 그리고 가난한 마음으로 살았거나 그렇게 살고 있는 이들을 찾아서 그들의 삶을 들여다보았습니다.

우리 사회에는 성공한 사람도 많고 훌륭한 사람도 많습니다. 그러나 존경받는 사람은 극히 드뭅니다. 존경심을 자아내는 그 무엇이 없기 때문입니다. 조사해 보니 사회적으로 존경을 받는 사람들에게는 한 가지 특별한 점이 있었습니다. 월드비전 구호팀장을 지낸 한비야, 무료 백신 프로그램을 보급한 안철수, 민들레 국수집의 서영남 수사, 제각기 존경받는 이유는 달랐지만 그들에게는 '가난한 마음'이라는 공통된 미덕이 있었습니다.

이 글의 주요 독자는 자녀의 학업과 진로 때문에 골머리를 앓고 있는 학부모와 교사입니다. 그분들에게 저와 함께 '하나의 질문'을 공유하면서 여행을 떠나 볼 것을 제안합니다.

"나는 과연 '가난함'을 사랑할 수 있을까? 나는 과연 마음을 비워 낼 수 있을까?"

끝으로 이 글의 핵심 내용은 예수의 산상보훈 중 팔복에서 가져왔다는 것과 글의 주제는 매주 가난한 마음을 설파해 주신 출석교회의 담임목사님께 크게 빚지고 있다는 사실을 밝힙니다.

contents

머리말

싹이 나오지 않은 화분 - 우리 교육의 자화상 • 4

1장 부모라면 탐욕을 털어 내야 합니다 • 11

당신이 살고 있는 세상은 괜찮습니까? • 12
우리는 왜 '못남'을 견디지 못할까요? • 24
가장 낮고 못난 사람들, 그들이 하느님입니다 • 40

2장 마음을 비우면 우는 아이가 보입니다 • 55

애끓는 마음만이 위로할 수 있습니다 • 56
슬퍼하는 마음을 회복해야 합니다 • 67
가장 슬픈 것은 노예로 사는 것입니다 • 78

3장 마음을 비우면 아이의 마음도 부드러워집니다 • 93

온유한 사람은 뜻하는 것을 얻습니다 • 94
뜨거운 침묵이 부드러움을 만듭니다 • 103
따뜻한 말과 포옹이 아이의 마음을 푸르게 합니다 • 113

4장 마음을 비우면 아이를 사랑으로 모실 수 있습니다 • 125

이해하기 전에는 사랑하지 못합니다 • 126
사랑은 들음에서 시작하고 모심으로 완성됩니다 • 134
인간은 '사랑의 빛'으로만 변합니다 • 142
참된 사랑은 살아가는 의미를 깨닫게 합니다 • 153

5장 마음을 비우면 아이가 올곧게 성장합니다 • 167

의로움은 기본을 지키는 것에서 시작합니다 • 168
공의를 세우기 위해서는 대가를 치러야 합니다 • 178
몸이 불편해질수록 영혼은 반듯해집니다 • 189

6장 마음을 비우면 부모도 아이도 만족하게 됩니다 • 207

평범함을 사랑함으로 위대함에 이릅니다 • 208
우리가 악마가 되는 건 '만족의 결핍' 때문입니다 • 217
남보다 잘 먹고 잘사는 것도 부끄러운 일일까요? • 224

맺음말
인생은 비움을 배워 가는 시험장입니다 • 233

1장
부모라면 탐욕을 털어 내야 합니다

내 아이가 달라졌습니다. 언젠가부터 내가 다룰 수 없는 '타자'가 되었습니다. 내 아이 공부, 내 맘대로 시킬 수가 없습니다. 달래도 보고 윽박도 질러 보지만, 가시를 세우고 사납게 덤벼듭니다. 내 아이, 왜 이렇게 변했을까요? 우리나라 교육, 왜 이렇게 망가졌을까요? 우리는 지금 무엇을 먼저 해야 할까요?
내 아이를 '있는 그대로 보는 것'부터 시작해야 합니다. 아이들이 가장 두려워하는 것은 '찌질이'가 되는 것입니다. 아이가 지금 날을 세우고 공격하고 있다면, 내면에서 어린아이가 울고 있다는 것입니다.
부모가 마음속 허영과 탐욕을 비워 내면 울고 있는 아이가 보입니다. 마음을 비우면, 즉 마음이 가난해지면 약하고 못난 아이도 귀하고 소중하게 여기게 됩니다. 가난한 마음이 있는 곳은 천국이 됩니다.

당신이 살고 있는 세상은 괜찮습니까?

대학생 때의 일입니다. 길거리에서 꽤 이상한 아버지와 아들을 본 적이 있습니다. 마흔 전후의 아버지는 술에 취한 듯 비틀거리고 있었는데 그 모습이 노숙인을 방불케 했습니다. 아들은 열두세 살, 초등학교 6학년이나 중학교 1학년쯤 돼 보였습니다. 그런데 아버지에게 욕을 섞은 반말을 하며 돈을 달라고 하는 모습이 꼭 세상을 막 살아온 중늙은이 같았습니다. 아버지는 웃는 얼굴로 욕을 하며 아들에게 돈을 건네주었습니다. 욕설은 그들 부자의 일상적인 언어인 듯했습니다.

저는 아직도 그 소년의 얼굴보다 더 무서운 얼굴을 떠올리지 못합니다. 아이의 모습을 잃어버린 얼굴, 아버지보다 더 노회한 그 얼굴은 지금도 선명하게 떠올라 섬뜩함에 몸서리치게 만듭니다. 저는 그 아버지가 아이에게 잘못한 게 많은 사람일 거라는 생각을 했습니다. 그들의 사연을 들어 보지 않아도 알 수 있는, 본능적 지각 같은 것이었습니다. 아이의 내면 어딘가에 심한 상처가 있으리라는 것도 느낄 수 있었습니다. 제 기억 속에 그 아버지의 웃음은 '이보다 더 흉하게 일그러질 수 없는 웃음'으로 남아 있습니다.

이곳은 교실인가, 전쟁터인가

요즘은 중학교에서 가장 힘든 학년이 3학년이 아니라 1학년이라고 합니다. 요즘의 1학년은 10년 전, 아니 5년 전의 1학년과도 많이 다릅니다. 1학년이 1학년답지 않고 애어른처럼 노회해져 간다는 것은 실로 두려운 일입니다.

초등학교 5, 6학년 때 흡연을 배우고 온 아이들은 3월부터 쉬는 시간마다 화장실에 숨어서 니코틴을 빨아들입니다. 어느새 아이들의 세계에선 선후배의 개념도 사라진 걸까요? 예전의 1학년들은 2, 3학년이 담배 피는 화장실에 들어갈 엄두도 내지 못했지만, 지금은 1, 2, 3학년이 칸막이를 하나씩 나눠 갖고 사이좋게 담배를 즐긴다고 합니다. 이들의 모습은 흡사 처참한 삶의 전쟁터에서 기진맥진한 전우들처럼 보입니다. 숨어서 피우는 담배 맛이 아니면 학교생활을 견딜 수 없을 정도로 지쳐 있는 아이들의 내면은 얼마나 황폐해져 있는 것일까요?

어떤 1학년 여학생들은 3월 초 쉬는 시간마다 가슴에 '프리허그'라고 쓴 종이를 붙이고 아무나 원하는 남학생들하고 허그를 했습니다. 막막한 중학교 생활을 남학생들이 담배로 견디려는 것처럼 여학생들은 허그로 견디려 했던 것 같습니다.

 새학년이 시작된 지 두어 달이 지난 어느 일요일이었습니다. 1학년 남학생들이 학교 근처 건물 옥상에서 낮술을 마시다 누군가 경찰에 신고해 학교로 끌려왔습니다. 생활지도부장 교사가 학교로 출동하고 학부모들이 줄줄이 소환됐습니다. 학생들이 술 마시다가 붙잡혀 오는 일은 종종 있는 일입니다. 놀라웠던 건 아이들이 혀가 꼬부라진 목소리로 술을 안 마셨다고 딱 잡아떼더란 것입니다. 아이들이 학교에 먼저 도착해 있던 아버지의 손에 이끌려 돌아갈 때의 모습 또한 가관이었다고 합니다. 올림픽 경기에서 우승이라도 한 듯 브이 자를 그리며 남아 있던 친구들의 약을 올리면서 돌아갔다고 합니다.

 그 이야기를 전해 들으며 저는 20여 년 전 길거리에서 보았던 아이가 떠올랐습니다. 아버지에게 욕을 하며 웃던 아이와 술 취한 걸음으로 아버지의 손을 잡고 나가며 브이 자를 그리는 아이들이 수십 년의 차이를 두고 오버랩 되었던 것입니다.

 무엇인가 아이들을 허물어뜨리고 있다는 생각이 들었습니다. 이런 아이들이 살고 있는 교실의 풍경은 실로 황량합니다. 다른 반 아이에게 빌린 체육복이 주인에게 돌아가지 못한 채 교실 구석이나 사물함 위에 버려져 있습니다. 청소 당번이야 죽든 말든 닥치는 대로 버린 쓰레기들이 교실을 아수라장으로 만듭니다. 먹다 남은 음식물이 말라비틀어진 채 붙어 있는 식판들이 복도 창턱에 위태롭게 걸쳐 있습니다. 버려져 짓밟힌 체육복, 널브러져 있는 쓰레기, 음식찌꺼기가 썩고 있는 식판은 아이들의 내면을 그대로 보여 주는 듯합니다. 아이들의 눈에는 버려진 체육복이나 식판이 들어오지 않습니다. 그들의 눈에는 자신들의 황폐한 내면 또한 보이지 않을 것입니다.

왜 우리 아이들은 중학교 1학년이나 초등학교 5, 6학년이 되기도 전에 이렇게 망가지는 걸까요? 얼마 전 텔레비전에 방영된 강남 8학군 어머니의 모습은 그 원인을 잘 보여 줍니다.

그 어머니에게는 초등학교 1학년짜리 아이가 있습니다. 아이는 새벽 6시에 일어나서 수학 문제지를 푼 후에 학교에 갑니다. 방과 후에는 학원을 전전하며 밤늦게까지 공부하다가 11시나 되어서야 잠자리에 듭니다. 하루 7시간밖에 못 자는 아이가 너무 힘들지 않겠느냐는 기자의 질문에 아이의 어머니는 이렇게 대답합니다.

"지금도 공부하는 시간이 부족해요. 다른 아이들은 더 많이 하고 있거든요."

그 어머니는 강남에는 열두세 살에 수능 문제를 척척 풀 정도로 공부를 잘하는 아이들이 많다며 한없이 부러워했습니다. 심각한 현상입니다. 그러나 더 심각한 문제는 이런 부모들이 텔레비전에만 나오는 게 아니라는 사실입니다. 가까운 곳 어디에서나 만날 수 있는 부모들의 모습입니다.

강요된 학습 노동을 하며 자란 아이들은 약간이나마 자아의 힘을 얻는 초등학교 4, 5학년이 되면 부모나 교사에게 함부로 행동하는 것으로 앙갚음을 합니다. 그래서인지 최근에 자녀와의 갈등 때문에 정신과 상담을 받는 부모들이 급증하고 있다고 합니다. 부모와 자녀의 관계가 아이가 초등학교를 졸업하기도 전에 파탄에 이르는 것입니다.

작년 2학기 중간에 전학 온 1학년 종현이는 말 그대로 괴물 같은 아이였습니다. 종현이는 다른 중학교 두 곳에서 선생님들에게 행패를 부리다가 막차로 우리 학교에 배정을 받았습니다. 그 아이는 전학 온 지 보름 만에 담임선생님과 생활지도부 선생님에게 쌍욕을 해서 등교 정지를 당했습니다. 그날 종현이는 미친 짐승처럼 길길이 날뛰며 욕설을 쏟아 냈다고 합니다. 이 정도면 정신과 격리 치료가 필요하다고 볼 수 있습니다. 알고 보니 종현이는 폭력적인 아버지에 대한 원한이 뼈에 사무쳐 있었습니다. 마음 같아서는 학교를 때려치우고도 남았지만 불쌍한 어머니를 생각해서 다녀 주는 것이었습니다. 그러나 결국 6개월 만인 2학년 초에 학교를 자퇴하고 말았습니다.

예전엔 종현이 같은 학교 부적응자가 한 학년에 한두 명 정도였는데 최근엔 한 반에 대여섯 명으로 급격히 늘고 있습니다. 부모님들이 들으면 썩 유쾌하지 않은 말입니다만, 심리학자들은 아이의 모든 사회적 관계가 '부모와의 관계의 연장선'이라고 말합니다. 그러므로 아이들의 파괴된 내면을 이해하기 위해서는 먼저 부모들의 삶을, 어른들의 사회를 이해해야 합니다.

귀신에 홀려 있는 사회

현대의 시장 체제는 자연자원과 약자들을 착취하지 않고서는 존립이 불가능합니다. 100만 원짜리 컴퓨터 한 대를 팔아서 먹고사는 사람들을 예로 들어 보겠습니다. 광산에서 자원을 캐낸 사람, 자원을 가공해서 부품으로 만든 하청업체, 부품을 유통한 유통업체, 여러 가지 소프트웨어를 개발한 소프트웨어 회사, 부품을 조립한 업체, 완성된 컴퓨터를 진열하고 판매한 업체 등등. 얼핏 떠오르는 것만 나열해도 컴퓨터 한 대를 만들기 위해서 동원된 사람들의 수는 무척이나 많습니다. 그런데 경제학적으로 보면 100만 원을 가지고 이 많은 사람들에게 분배하는 것은 불가능하다고 합니다. 일을 하고도 누군가는 정당한 대가를 받지 못한다는 뜻이지요. 사실 시장 체제 아래의 기업들이 손에 넣은 이윤은 터무니없는 임금을 받으며 굶주림 속에서 살고 있는 제3세계 사람들을 착취한 결과입니다. 더 많은 부를 얻을수록 그 부가 타자를 착취하고 자원을 파괴한 결과인데도 사람들은 그런 사실에 눈을 질끈 감고서 소비에 홀린 삶을 살고 있습니다.

다음엔 시야를 좁혀 우리 사회를 들여다볼까요? 오늘의 한국 사회는 가난하고 힘없는 사람들을 생존의 벼랑으로 몰고 있습니다. 대기업의 기업형 슈퍼가 동네 상권을 잠식해 들어와 구멍가게로 생계를 꾸리던 동네 슈퍼들이 문을 닫고 있습니다. '△△피자'와 'XX 치킨' 때문에 수많은 피자가게와 치킨집이 망합니다. 반면 대기업은 엄청난 영업 이익을 누립니다. 그 이면에는 대기업의 단가 감축 요구에 시달리고 있는 하청업체들이 무수히 많습니다.

사정이 이렇건만 동네 상권을 지켜 줘야 할 정부는 나 몰라라

뒷짐을 지고 있고, 중소 하청업체에 대한 파렴치한 행위를 바로 잡아야 할 공정거래위원회 등의 정부 기구들은 소송이 날 때마다 대기업 편을 들어 줍니다. 그렇게 생계를 잃은 무수한 가정들이 캄캄한 절망 속에서 빈민으로 전락하고 있습니다.

무한경쟁 사회에서 우리는 재난의 삶을 살고 있습니다. 재난이 일상이 된 사회는 전시 때보다 더 끔찍할지도 모릅니다. 전쟁은 언젠가 끝나리라는 희망이라도 있지만, 일상의 재난은 끝이 보이지 않는 암흑이기 때문입니다. 우리는 가속화 되는 경쟁의 속도를 막을 수 없고 세상은 점점 아수라장이 되고 있습니다.

이처럼 자기 파괴적인 체제 속에서 살아남기 위해 고군분투하는 사람들의 영혼이 온전할 리 없습니다. 그렇기에 여덟 살 아이에게 하루 11시간씩 공부시키면서 왜 수능 문제를 풀지 못하느냐고 몰아붙이는 것입니다. 그들은 '다른 부모도 다 그렇게 하고 있거나 더 하고 있다'는 최면에 걸린 채 병들어 가고 있는 아이를 외면할 정도로 사고가 마비되어 있습니다. 귀신에 홀려 있는 것이라고밖에는 표현할 길이 없습니다.

『아웃사이더』에 나오는 장님의 나라에서는 "외눈박이가 바보다"라는 말이 통용된다고 합니다. 그 나라에서 외눈을 뜬 사람들은 장님들로부터 아무도 보지 않으려는 것을 왜 구태여 보려 하느냐며 질시와 조롱을 받습니다.

그러나 눈을 뜨는 게 아무리 고통스러운 일일지라도 안간힘을 다해서 눈을 떠야 합니다. 오늘도 아이들은 담배를 피우면서, 약한 아이들을 괴롭히면서, 교사에게 욕을 하면서, 부모의 마음을 할퀴면서 "더 이상 이렇게는 살 수 없다"고 절규하고 있기 때문입니다.

욕망이 부조리한 세상을 만듭니다

이 사회가 얼마나 엉망인지는 청문회가 있을 때마다 심심찮게 매스컴을 장식하는 총리나 장관 후보자들의 면면에서 잘 드러납니다. 부정 선거로 수차례 유죄 선고를 받고, 타인의 논문을 표절하고, 불법 투기에 열을 올리고, 자식들을 군면제 받게 하고, 세금을 탈루하고, 부패한 정치 자금을 받고도 승승장구하는 사람들.

그들은 가난한 이들을 위한 복지 예산을 줄이고 일부 건설업체들의 배만 불려 주는 재건축 사업과 4대강 사업에 열을 올리고 있습니다. 목숨 같은 사업장에서 제대로 된 보상금도 없이 쫓겨나는 철거민들과 농민들, 포클레인과 삽날에 멸종되어 가는 동식물들의 생존에는 아무런 관심조차 없습니다. 그러고 보니 소위 세상에서 성공했다는 사람들, 잘나고 힘 있는 사람들, 그들이 하는 일은 암세포와 크게 다르지 않습니다. 그들이 우리 사회를 부조리의 아수라장으로 만들고 있습니다.

산업사회 이전까지 세상은 이토록 부조리한 곳이 아니었습니다. 뿌린 대로 거두고 심은 대로 먹는 단순한 사회였습니다. 사람들은 저마다 공동체 속에서 가난하지만 평온하게 살았습니다. 그러나 사회가 산업화 되고 자본화 될수록 사람들의 욕망도 거대해졌습니다. 반면에 욕망을 이룰 수 있는 길은 더 복잡해지고 치열해졌습니다. 사람들은 거대해진 욕망과 그것을 이룰 수 없는 간극 사이에서 점점 더 큰 고통을 느낍니다. '경제성장'과 '삶의 질'의 상관관계에 대한 연구 결과는 이를 잘 설명해 주고 있습니다. 경제성장의 초기에는 성장과 함께 삶의 질도 향상이 됩니다. 그러나 어느 시점이 지나면 경제가 성장할수록 삶의 질이 하락하는 반비례 현상이 일어납니다. 더욱 거대해진 욕망과 경쟁이 더 많은 고통을 낳는 것입니다. 경제가 번영한 나라는 어디든 예외가 없습니다.

가혹한 경쟁 시스템 속 무모한 경쟁에 내던져진 우리는 모두 아픈 사람들입니다. 불행한 사람들이고 가여운 사람들입니다. 잠시 경쟁의 아수라장에서 빠져나와 곰곰이 생각해 봅시다. 우리 아이들에게는 한 조각 뗏목을 타고 경쟁의 급류 속에 휩쓸리는 길 외에 다른 길은 없는 걸까요?

부조리 너머에 도사리고 있는 신비

경쟁이라는 괴물이 삼켜 버린 학교 현장에서 교사들은 갈 길을 찾지 못하고 있습니다. 저 역시 망가져 가는 아이들을 속수무책으로 바라보는 일이 고통스럽기만 했습니다. 그러던 저에게 사회운동가이자 교육자였던 고 장일순 선생의 글은 커다란 울림으로 다가왔습니다.

요지는 이것이었습니다. '우리는 너나 할 것 없이 거지와 다를 게 없는 사람들이다. 거지는 행인이 있어 먹고살고, 식당 주인은 손님이 있어 먹고산다. 하느님이 누구인가? 우리를 먹여 주시는 분이다. 거지에게는 행인이 하느님이고, 식당 주인에게는 손님이 하느님이다. 마찬가지로 학교 선생님에게는 학생이 하느님이고, 부모에게는 자식이 하느님이다.'

제 입에서는 절로 탄식이 터져 나왔습니다. 교육의 밑바닥에서 노예처럼 강요된 삶을 살고 있는 아이들, 그들이 하느님인 것입니다! 장일순은 사회를 변화시키고자 하는 사람들에게 이 한마디를 했습니다.

"밑으로 기어라."

그는 가장 밑바닥에 있는 사람들의 삶을 걱정하고 그들을 등에 업고 진흙창을 기어가야 모두가 산다고 강조했습니다.

교실과 가정에서 가장 못난 사람들, 가장 불행한 사람들이 누구입니까? 열등감에 찌들어 가는 우리 학생들이고 우리 자녀들입니다. 이들을 하느님처럼 섬길 때에만 변화의 '기적'이 일어납니다. 사랑과 은총이라는 '신비'가 나타나는 것입니다.

현대 문명에 대한 예리한 통찰로 세계의 사상을 이끌어 온 프랑스에는 대조적인 사상가들이 있습니다. 사르트르와 카뮈 같은 실존주의자들은 '모든 인간의 마음속에는 악이 깃들어 있으며 세상은 본질적으로 부조리한 곳이다'라는 탁월한 사상으로 이 세상의 부조리를 일깨웠습니다. 그들의 반대편에 있는 분이 부랑자들과 고아들을 위한 공동체 '엠마우스'를 창설한 피에르 신부입니다. 그는 삶에는 부조리만 있는 것이 아니며, 부조리 너머에 신비가 도사리고 있다고 말합니다.

"실존주의자들은 신이 인간의 마음 빈자리에 새겨 넣은 사랑은 발견하지 못했다. 우주에서 오직 인간만이 '사랑할 자유를 부여받은 피조물'이다. 우리의 삶은 부조리와 신비 사이에서 둘 중 하나를 선택할 도리밖에 없다."

산업 문명을 다급히 쫓아가고 있는 우리 사회는 어느덧 성장할수록 삶의 질이 하락하는 단계에 진입했습니다. 대부분의 구성원들에게 일상이 곧 재난인 사회가 되어 버렸습니다. 이토록 부조리한 세상에서 우리가 사랑을 맛보고 느끼는 것은 그야말로 '신비의 순간'입니다.

어느 날 엠마우스의 한 노숙인이 피에르 신부에게 회의에 가득 찬 얼굴로 도대체 하느님이 뭐냐고 물었습니다. 그 물음은 '도대체 사랑이 뭡니까', '도대체 신비가 뭡니까'라는 물음과 동일했습니다. 그러자 피에르 신부는 노인들을 위한 집을 마련하느라 하루 종일 다락방을 수리하고 돌아온 날을 기억해 보라고 말합니다. 그때 느꼈던 기쁨을, 다른 기쁨과는 너무도 다른 그 기쁨을 잊지 말라고 합니다. 그때가 사랑한다는 게 얼마나 좋은지 맛본 때이며, 마음속에서 노래하는 하느님을 만난 순간이기 때문이지요.

그렇습니다. 사랑을 맛보는 순간에 우리는 자아로부터 벗어나 더 큰 자아를 발견합니다. 멸시했거나 증오했던 사람들을 품을 수 있을 만큼 내면이 넓어지는 것입니다. 이것이야말로 가장 놀라운 신비입니다. 비참한 노숙인의 삶을 살던 사람이 자신보다 더 불행한 노인들을 위해 집을 지어 주고 오던 밤에 느꼈던 그것은 '참된 사랑'이었습니다.

무한경쟁 사회의 불행한 학교와 고단한 가정에 한 줄기 해답의 빛이 보입니다. 그것은 나보다 더 불행한 사람, 가장 작고 못난 사람을 하느님처럼 모시고 그 밑으로 기어 들어가는 것입니다. 지금 교실에서 가장 고통받는 학생의 내면 속으로 들어가는 것이며, 가정에서 가장 힘든 아이의 곤핍한 삶 속으로 들어가는 것입니다. 그 길은 욕심을 내려놓은 가난한 마음으로만 갈 수 있습니다.

삶의 길에서 우리는 순간순간 선택의 기로에 서게 될 것입니다. '부조리를 택할 것인가, 신비를 택할 것인가.'

우리는 왜 '못남'을 견디지 못할까요?

현대사회의 위기는 영혼의 위기라고 합니다. 행복할 조건을 다 갖고 있는 사람일지라도 영혼이 병들어 있으면 외로움과 허무 속에서 불행하게 삽니다. 반면 아무리 초라한 삶을 살더라도 영혼이 건강한 사람은 행복으로 충만한 삶을 살 것입니다.

지금 우리 아이들의 영혼은 어떤 상태일까요? 삶을 경쟁과 스펙에 저당 잡힌 아이들은 영혼이 거세된 삶을 살고 있습니다. 몸이 그렇듯 영혼도 어린 시절에 무럭무럭 성장한다고 합니다. 원 없이 놀고 충분한 사랑을 받으며 자랄 때 그 기름진 밭에서 영혼이 아름답게 피어나는 것이지요.

그러니 버거운 학습량을 짊어지고 가야 하는 우리 아이들이 영혼에 관심을 기울일 여력이 있을까요? 더욱 안타까운 것은 공부를 벗어나 간신히 얻은 시간마저도 게임이나 휴대전화, 연예인에게 헌납하고 있는 현실입니다. 그야말로 영혼을 돌볼 수 있는 시간이 1분도 허락되지 않는 삶인 것입니다.

이토록 찌질한 영혼들

저는 지난 해 학교를 옮겼습니다. 새 학교로 첫 출근을 했던 날, 식당에서 준수의 1학년 때 담임선생님을 만났습니다. 2학년 10반의 담임을 맡은 저는 전임학교에서 이임인사를 하고 오느라 반 아이들의 얼굴을 아직 보지 못한 상태였습니다.

"선생님 반에 최준수라고 있죠? 1학년 때 저희 반이었는데…. 그러잖아도 선생님을 뵙고 말씀 드릴 게 있었어요, 준수에 대해서."

선생님의 걱정스런 눈빛은 이미 많은 정보를 건네고 있었습니다.

"준수요? 훈남인가 봐요?"

내가 웃으며 되묻자 선생님이 난처한 표정으로 대답했습니다.

"그런 게 아니라… 과잉행동장애가 심한 아이예요. 제 딴엔 친해지려고 하는 건데, 다른 애들에겐 괴로움이 되고 고문이 되는 그런 애요. 반에 친구가 없으니까 상급생들하고 놀다가 맞고 울기도 하고…."

"아, 뇌에서 조절이 잘 안 되는군요. 요즘엔 약이 잘 나와서 약물치료로 쉽게 낫기도 한다던데 그런 치료는 안 하고 있나요?"

선생님이 희미하게 웃으며 말했습니다.

"약물치료는 안 하는 것 같아요. 선생님이 진단을 정확하게 해 주시네요. 준수가 그랬던 거 같아요. 뇌에서 제어가 안 돼요. 어휴, 작년 2학기 때는 여자애들 성추행까지 해서 애를 많이 먹었어요."

"네? 성추행요?"

긴장한 저는 다 씹지도 않은 밥을 꿀꺽 삼키고 말았습니다.

다음 날 교실에서 만난 준수는 잘 웃고 떠드는 낙천적인 아이였습니다. 낙천성의 과잉으로 아이들과 자주 부딪치리라는 건 충분히 예상되는 일이었지요. 준수는 3학년 선배들과 먼저 갈등을 일으켰습니다.

점심시간이 끝나갈 무렵, 옆 반 담임선생님이 준수를 데리고 왔습니다.

"선생님, 준수가 집에 가는 걸 붙잡아 왔어요. 갈 때 가더라도 담임선생님께 허락은 받고 가라고요."

저는 준수를 회의실로 데리고 가서 자초지종을 물어보았습니다. 생일이 빨랐던 준수는 유치원까지 한 살 많은 아이들과 함께 다니다가 초등학교 때부터 동갑인 아이들과 함께 다녔다고 합니다. 그래서 유치원 때 같이 다녔던 몇몇 3학년 아이들과 어울릴 수 있었습니다. 친구로서라기보다는 놀림감에 가까웠지만요. 그런데 준수가 자꾸 찾아가서 괴롭힌 남학생이 있었습니다. 몸집이 작고 순하게 생긴 재성이라는 아이였습니다. 재성이는 공교롭게도 2학년 10반 옆에 붙어 있는 3학년 1반이었습니다. 준수는 뻔질나게 3학년 1반으로 들어가서 재성이와 어떻게든 관계를 맺으려 했습니다. 반에는 지적 수준이 맞지 않는 준수와 놀아 줄 아이가 거의 없었기 때문이지요. 준수는 재성이네 교실로 찾아가서 소리를 질렀습니다.

"야, 박재성! 나랑 싸우자. 너 유치원 때 나랑 싸워서 졌잖아!"

유순하고 소심한 편인 재성이는 준수를 계속 피했습니다만, 그런 방법은 막무가내로 들이대는 준수에게 통하지 않았습니다. 준수에게 계속 시달릴 수밖에 없었지요. 그 모습을 보던 3학년 남학생들이 준수를 부추겼습니다.

"최준수! 너 진짜 재성이랑 맞짱 뜰 수 있어? 그냥 도망가면 죽는다."

"재성아, 찐따 같은 새끼 오늘 아주 작살을 내 줘라."

아이들은 자꾸 찾아와서 상급생에게 집적대는 준수가 못마땅했던 모양입니다. 마음 한편에는 찌질한 아이들의 싸움을 보고 싶은 욕망도 있었을 것입니다. 폭력을 극도로 싫어하는 재성이는 싸우지 않겠다고 했습니다. 분위기가 심상치 않다고 느낀 준수도 싸우지 않겠다고 했지만 이미 늦었습니다. 흥분한 아이들이 교실 한쪽으로 둘을 몰아붙이고 계속 맞짱을 강요했던 것입니다.

재성이는 아무리 욕하고 혼내도 계속 찾아오는 준수 때문에 죽을 맛이었습니다. 반 아이들이 준수와 똑같이 취급하며 "장애자"니 "잉여"니 하며 놀렸기 때문입니다. 재성은 바보같이 왜 때리지 못하느냐는 친구들의 야유에 떠밀려 준수의 가슴을 두어 대 때렸습니다. 어느새 다른 반 남학생들까지 구경거리를 찾아

몰려와 있었습니다. 덜컥 겁이 난 준수는 싸우기 싫다고 소리치며 교실을 뛰쳐나갔습니다. 하지만 복도에서 3학년에게 붙들려 따귀를 맞았습니다. 거기에 덩치 큰 3학년 일짱이 무슨 일이냐고 문자 울면서 가방을 싸들고 집으로 향했던 것입니다.

저는 곧 재성이를 불러 정확한 사건의 경위와 싸움을 부추겼던 네 명의 이름을 파악했습니다. 이어서 담임선생님에게 종례 후 해당 학생들을 우리 반 교실로 보내 달라고 부탁을 드렸습니다.

네 명의 아이들은 이진 급으로 어중간하게 패거리를 지어 몰려다니는 아이들이었습니다. 준수의 따귀를 때린 아이는 왜소한 체구에 얼굴도 앳돼 보였습니다. 아이들에게 부모님에게 알리고 처벌을 받겠느냐, 아니면 청소와 독서로 처벌을 대신하겠느냐고 물었습니다. 아이들은 모두 후자를 선택했습니다. 아이들은 일주일 동안 방과 후마다 청소와 독서를 했고 그 후 준수를 건드리지 않았습니다.

그 아이들은 공부를 잘하는 축에 들지 못했습니다. 그렇다고 해서 일탈과 비행을 시원하게 저지를 만한 용기가 있는 것도 아니었지요. 그저 고단한 나날들을 하루하루 견디는 가여운 영혼들이었습니다.

경쟁체제 속 아이들은 대개 이처럼 자기보다 못한 아이들을 괴롭히는 걸로 자신의 존재감을 확인합니다. 비천한 자아관을 갖고 살아가는 것입니다. 우리 아이들은 어쩌다가 이렇게 된 것일까요?

미국의 사회학자 매킨타이어는 "인간은 서사적 존재, 곧 이야기하는 존재이다'라고 했습니다. 그는 '나는 누구인가'에 대해 답을 할 수 있으려면 먼저 '나는 어떤 이야기의 일부인가'에 대해 답할 수 있어야 한다고 주장합니다. '나의 이야기'는 언제나 '우리의 이야기'에 포함되기 때문이지요. 나는 내 가족, 내 친족, 내 지역, 내 나라의 과거에서 다양한 빛과 유산을 물려받은 존재이며, 그에 따르는 기대와 의무 또한 물려받았습니다. 그러므로 내 삶의 이야기는 언제나 내 정체성을 형성한 공동체의 이야기를 떠나서 이해할 수 없습니다. 그럼 나의 가장 큰 이야기인 '국가의 이야기'부터 살펴보면서 우리 아이들이 피폐해진 이유를 짚어 볼까요?

나를 있게 한 '국가 이야기'

우리 사회가 이토록 살벌한 경쟁 사회가 된 것은 '일제강점기'와 '한국전쟁의 참화'를 떠나서 생각할 수 없을 것입니다. 그 시절의 참혹함과 배고픔의 기억은 아직도 많은 기성세대의 삶과 사고를 지배하고 있습니다. 그중 가장 강력한 것은 다른 나라에게 짓밟히지 않으려면 강한 나라가 되어야 한다는 부국강병의 이념입니다.

한국전쟁 이후의 세대에게는 나와 가족을 지키고 먹여 살리는 게 지상과제였을 것입니다. 그런 사회에서는 '나쁜 짓을 해서라도 살아남는 게 능력'이라는 동물적 적자생존의 가치관에 매몰되기 쉽습니다. 우리 사회는 점점 앞서가고 있는 선진국을 따라잡아야 한다는 강박관념 속에서 내용보다는 속도를, 과정보다는 결과를 중요시하게 되었습니다. 그 과정에서 우리 사회는 두 개의 중병에 걸리게 되었습니다. 폭력성과 조급증이 그것입니다.

폭력성과 조급증은 우리의 교육을 설명하는 중요한 키워드이기도 합니다. 우리 교육은 그동안 서구의 지식을 빠르게 암기하는 것을 강요해 왔습니다. 그리고 그 강요는 폭력으로 느껴질 만큼 무서운 속도로 강화되고 있습니다. 오늘의 아이들은 남보다 하루라도 빨리 한글을 깨쳐서 동화책을 읽고 학습지를 풀어야 하며, 영어를 듣고 한자와 컴퓨터까지 터득해야 합니다.

지금의 부모 세대들이 너나 할 것 없이 아이들을 처절한 경쟁 속으로 몰아붙이는 것은 70~80년대 경제부흥기의 성공 경험과 관계가 깊습니다. 눈만 뜨면 취직할 자리가 늘어나던 그 당시에는 가족이나 친척, 또는 주변의 누군가가 사다리를 타고 올라가 성공한 사례가 많았습니다. 그 경험은 '나도 조금만 더 노력하면 성공할 수 있다'는 환상을 심어 주었고 실패한 사람들에게 회한을 심어 주었습니다. 그 결과 승자는 승자대로 달콤한 추억 때문에, 패자는 패자대로 쓰라린 기억 때문에 자식들을 쥐어짜게 된 것입니다.

나를 있게 한 '가족 이야기'

우리 사회의 매스미디어는 올림픽 등에서 우승한 선수에게 '신화를 썼다'고 칭송합니다. 그들에 대한 대중의 열광이 점점 강해지고 있는 것 또한 현실이지요. 우승자들에 대한 숭배가 점점 심해지고 있는 건, 삶의 현장에서 승자가 되는 길이 그만큼 험난하기 때문일 것입니다.

　지금의 40~50대 기성세대에게는 정규직을 얻는 것이 그리 어려운 일이 아니었고 생산직 노동자여도 충분한 연봉을 받으며 마이카를 모는 중산층의 삶을 누릴 수 있었습니다. 그러나 우리 사회는 20~30년 만에 엄혹하게 변했습니다. 오늘의 젊은이들이 얻을 수 있는 직업은 아무리 일해도 가난을 면할 수 없는 비정규직과 임시직이 대부분입니다. 중산층의 삶은 극심한 경쟁을 뚫어야 하는 전문직이나 대기업 직원이 되어야만 가능해졌습니다. 그야말로 중산층의 삶이 신화가 된 것입니다.

　그러나 신화는 민담의 세계나 스포츠의 세계에서 드물게 일어나는 사건일 뿐입니다. 현실의 세계에서 신화를 이뤄 내기란 복권이 당첨되기를 꿈꾸는 것과 크게 다르지 않습니다. 그런데 말입니다. 우리 부모들이 자녀들에게 바라는 것이 바로 신화라는 생각은 해 보지 않으셨습니까?

　우리 부모 세대들은 '내 아이는 험난한 경쟁을 뚫고 승자가 될 것이다'라는 환상을 품고 아이를 신격화하고 있는지도 모릅니다. 아무리 학습량이 많고 과정이 어려워도 내 아이는 신화 속 영웅처럼 헤쳐 나가 줄 거라는 '집단적 최면 상태'에 빠져 있는 것입니다.

　그런데 통계에 의하면 부와 지위가 보장된 전문직은 5퍼센트의 명문대 우수학과를 졸업한 이들에게만 돌아간다고 합니다. 부모들이 95퍼센트의 아이들에게도 '오직 공부'를 강요하는 건 '내 아이에 대한 신격화' 때문이 아닐까요? '미래의 신화'에 사로잡혀 있는 부모에게는 아이가 겪는 '오늘의 지옥'이 보이지 않을 것입니다.

『남자의 탄생』의 저자이자 미술평론가였던 고 전인권은 이런 신격화를 '동굴 속 황제'라는 개념으로 설명합니다. 그의 어머니는 어린 시절의 그를 왕자처럼 떠받들었다고 합니다. 어머니는 그를 "우리 왕자님! 우리 왕자님!" 하고 불렀습니다. 그 호칭 속에는 나중에 왕처럼 높은 지위를 가진 존재가 되기를 바라는 염원이 담겨 있었다고 전인권은 회상합니다. 어머니는 그가 요구하기도 전에 모든 필요를 채워 주었습니다. 부모의 극진한 사랑은 아름답지만, 아이를 자기중심적인 존재로 만드는 심각한 부작용을 낳기도 합니다. 부모에 의해 그때그때 필요를 채우며 왕자처럼 큰 아이들은 '나는 남보다 우월한 존재'라는 허영심에 사로잡히게 됩니다. 이렇게 자란 아이들은 사회 부적응자가 되기 쉽습니다. 살벌한 경쟁체제인 사회에서는 누구도 그를 황제나 왕자로 떠받들지 않기 때문입니다. 아이는 어머니의 품속에서만 황제 노릇을 할 수 있는 '동굴 속 황제'였던 것입니다.

오늘날은 전인권이 어린 시절을 보냈던 30~40년 전과 달리 남자아이와 여자아이를 가리지 않고 신화의 대상으로 삼습니다. 자녀들이 많았던 시대에는 아들에게 우선권을 부여했지만, 자녀가 한두 명인 지금은 평등하게(?) 신화가 되기를 요구받습니다.

게다가 갈수록 성공의 문이 좁아지고 있어 점점 더 어린 나이에 신화 속으로 뛰어들 것을 요구받고 있습니다. 부모들이 몹쓸 허영심만 심어 주고는 가혹한 공부 고문을 가하는 것입니다.

한번은 자주 가는 커피숍에서 인상적인 모녀를 보았습니다. 과일주스를 함께 마시고 있는 모녀가 처음엔 다정하게 보였습니다. 그런데 대화를 가만히 들어 보니 그게 아니었습니다. 주스를 한 모금 마시고 나서 어머니가 딸에게 말했습니다.

"오랜만에 엄마랑 데이트하니까 좋지?"

딸은 그렇다며 고개를 끄덕이는데, 표정은 그리 행복해 보이지 않았습니다. 잠시 후 어머니가 딸에게 빨리 마시라고 재촉하며 말했습니다.

"집에 가서 학습지도 해야 되고, 학원 숙제도 해야 되잖아. 논술 책도 읽어야 하고…."

어머니의 말이 이어질수록 딸의 한숨도 깊어져 갔습니다.

"어휴~ 알았어, 엄마! 하면 되잖아!"

그 시간은 어머니와 딸이 모처럼 한 데이트였을 것입니다. 어머니는 그 귀한 시간을 행사 치르듯 마무리하며 서둘러 딸을 데리고 나갔습니다. 참으로 씁쓸한 풍경이었습니다.

참을 수 없이 비천한 '나의 이야기'

우리 아이들의 자존감과 행복지수가 낮은 것은 이미 오래된 일입니다. 문제는 갈수록 더 낮아지고 있다는 데 있습니다. 자존감이 낮을수록 아이는 부모의 기대를 자신이 채워 주지 못하고 있다고 느낍니다. 부모의 기대와 자신의 능력의 격차가 커질수록 아이들의 자아는 더 비참해지겠지요.

'내 아이는 천재적인 두뇌를 타고 났으니 전교에서 1, 2등을 다룰 것이다.' 이 신화는 아이가 초등 고학년만 되면 여지없이 깨집니다. 그러나 대개의 부모들은 내 아이가 머리는 좋은데 공부를 안 하기 때문이라고 생각하며 신화를 버리지 못합니다. 이런 현실은 자신이 신화 속 영웅이 아니라는 사실을 알게 된 아이들에게 무엇을 안겨 줄까요? 감당할 수 없는 죄책감입니다.

죄인 아닌 죄인이 되어 버린 아이들의 등에는 이중의 짐이 지워져 있습니다. 죄책감 밑에는 동굴 속에 있을 때 느꼈던 허영심이 똬리를 틀고 앉아 있습니다. 동굴 속에 있었을 때 부모는 종처럼 그를 떠받들어 주었습니다. 그 경험은 아이로 하여금 자신을 진선미의 화신, 곧 참되고 선하고 아름다운 존재로 인식하게 만듭니다. 아니, 그렇게 믿도록 부모가 부추긴 것입니다. 죄책감과 허영심의 동거는 참으로 잔인합니다. 허영심이 클수록 그만큼 무거운 죄책감을 짊어지고 살아야 하기 때문입니다.

서양에 이런 의미심장한 속담이 있습니다.

"자녀는 다섯 살까지는 왕처럼, 열 살까지는 종처럼, 열 살 이후는 손님처럼 대해야 한다. 다섯 살까지 왕처럼 대하는 것은 아이가 자신을 사랑받을 만한 존재라고 인식하게 하기 위함이다. 열 살까지 종처럼 대하는 것은 바른 생활습관을 기르고 타인을 배려하는 법을 배우게 하기 위함이다. 열 살부터 손님처럼 대하는 것은 스스로 선택하고 책임지는 자유인으로 성장케 하기 위함이다."

고개를 절로 끄덕이게 만드는 자녀 교육법입니다. 그런데 우리 사회의 현실은 어떻습니까? 중간 단계 이후가 아예 생략된 것 같습니다. 우리는 왕의 신분을 6~7세까지 길게 연장한 후, 타인을 배려하는 법을 배워야 하는 중간 단계를 건너뜁니다. 그리고 독립적이고 자율적인 존재로 존중해 줘야 할 시기에는 지식 암기를 강요합니다.

아이는 존재 자체로 존중받기를 원하는데 여전히 신화 속에 파묻혀 있는 부모는 아이를 신화의 주인공으로 만들려고 안간힘을 다합니다. 이 갈등은 어떤 드라마로 향할까요? 네, 복수 드라마입니다. 감당하기 힘든 짐을 짊어져 온 아이들은 결국 부모에게 복수를 꿈꾸는 존재가 됩니다. 요즘에는 제 부모를 서슴없이 '엄마새끼', '아빠새끼'라고 부르는 아이들이 있다고 합니다. 내면에는 그만큼 분노가 불타고 있을 것입니다. 누가 아이들을 이렇게 만든 것일까요? 타인을 배려하는 법과 절제 있는 생활습관을 길러야 할 시기에 "그딴 건 신경 쓰지 말고 지식 암기만 해라"고 강요한 어른들이 아닙니까? 그 결과 요즘 아이들은 열두 세 살만 되면 부모가 감당할 수 없는 악마가 되어 버립니다. 진선미의 화신이 복수의 화신이 되는 것입니다.

'동굴 속 황제'인 아이는 욕구가 채워지지 않으면 조급하게 화를 내는 '빨리빨리 병' 환자가 되기 쉽습니다. 우리나라 부모들의 '빨리빨리 병'은 사내아이들의 고추에 대주는 오줌통에서 잘 나타납니다. 그렇게 자라난 사람들은 타인과 문제가 생겼을 때 좀처럼 갈등을 해결하지 못합니다. 타인의 목소리에 귀를 기울이는 능력이 현저하게 부족하기 때문입니다. 이런 아이들이 자라서 이루게 될 사회는 피곤하고 소모적인 '소통 부재의 사회'가

될 것입니다.

  그렇다면 어떻게 해야 아이들을 이 '불행의 동굴'에서 빠져나오게 할 수 있을까요? 먼저 자신이 황제라는 망상에서 빠져나오게 해야 합니다. 그러기 위해서는 당연히 부모가 먼저 신화를 버려야 합니다. 탈출은 부모와 아이들이 자신과 세계를 '있는 그대로' 볼 때 가능해집니다.

존재 자체를 사랑하기

  전인권은 초등학교 2학년 때 마을로 이사 온 화가 아저씨와 소중한 만남을 갖게 됩니다. 화가 아저씨는 집 주변을 배회하던 그를 초대해서 먹을 것을 주기도 하고 그림을 보여 주기도 했습니다. 또 종종 낚시에 데리고 다녔는데, 전인권은 그때를 잊을 수 없는 행복한 순간으로 기억합니다.

  전인권은 아저씨에게 그림 그리는 법과 수학을 배웠습니다. 그러나 '사물을 있는 그대로 보는 법'이야말로 가장 큰 배움이었습니다. 아저씨는 그를 데리고 들로 산으로 많이 다녔는데, 어떤 곳을 한번 가면 한동안은 그곳으로만 산책을 나갔다고 합니다. 아저씨는 사물을 보는 법이 매우 독특했습니다. 하나의 사물을 앞에서도 보았고 뒤에서도 보았으며, 다음 날 찾아가 또 보았습니다. 전인권은 훗날 학문을 하면서 그때 아저씨의 행동을 이해할 수 있었다고 고백합니다.

  자기 속에 있는 생각과 감정을 사물에 투사함으로써 세상을 이해하는 것은 본질적으로 편견과 오류를 낳을 수밖에 없기에 진정한 예술과 학문은 '사물을 있는 그대로 보는 것'에서 시작된다는 것을 깨달은 것이지요. 또한 학문을 할수록 '있는 그대로 보는 것'은 한 번 보는 것으로 되는 것이 아니라 무수히 반복해서 봄으로써 가능하다는 사실을 깨닫게 되었다고 합니다. 그렇게 하면 존재 자체를 사랑하고 존재 자체와 대화하며 친하게 지낼 수 있다고 합니다.

전인권은 '존재 자체를 사랑하는 법'을 학교에서 배우지 못하고 동네 화가 아저씨에게 배웠다며 한탄합니다. 그러나 동네 아저씨에게라도 배울 수 있었다는 점에서 그는 행운아입니다.

전인권은 부모 세대들이 자식들을 불평등한 경쟁의 감옥 속에 몰아넣는 이유를 '존재 자체를 사랑하는 지식'을 배우지 못했기 때문이라고 진단합니다. 아이의 능력과 적성을 고려하지 않은 채 좋은 대학에 가서 좋은 직업 갖기만을 바라는 부모들은 '존재를 가린 지식'에 갇혀 있는 것입니다. 거기서 벗어나지 못하면 부모와 자녀 모두 불평등한 경쟁 속에서 비천한 삶을 살 수밖에 없습니다. 경쟁의 감옥을 탈출하기 위해서는 부모가 존재 자체를 사랑하는 사람이 되어야 합니다.

전인권은 '있는 그대로 보는 것'은 진리와 예술에 이르는 것만큼 힘들고 어려운 일이며, 무수히 반복해서 봐야만 가능하다고 합니다. 이제부터 모든 편견과 선입견을 내려놓고 아이를 '보시기' 바랍니다. 앞에서도 보고 옆에서도 보고 뒤에서도 보십시오. 오늘도 보고 내일도 보고, 보고 또 보십시오. 그러면 어느 순간 득도하듯이 아이가 있는 그대로 보일 것입니다.

존재로서 사랑받아 온 아이들은 어떤 상황에서도 영혼의 마음을 지켜 갑니다. 『내 영혼이 따뜻했던 날들』에 등장하는 '작은 나무'는 부모님이 돌아가신 뒤 할아버지와 할머니 밑에서 따뜻한 사랑을 받으며 체로키의 지혜를 배웁니다. 작은 나무는 할아버지를 통해서 동물들과 공존하며 사는 법을 배우고 할머니로부터 '영혼의 마음'을 지키는 법을 배웁니다. 할머니는 사람에게는 몸이 살아가는 데 필요한 것을 꾸려 가는 몸의 마음과 이웃과 세상을 사랑하는 영혼의 마음이 있다고 했습니다.

할아버지와 할머니로부터 최고의 교육을 받고 자라던 작은 나무에게 어느 날 갑자기 엄청난 위기가 찾아옵니다. 작은 나무가 여섯 살이 되던 해, 조부모가 학교에 보내지 않고 그의 교육을 망친다고 오해한 마을 사람들이 아이를 멀리 떨어진 고아원으로 보낸 것입니다. 작은 나무가 떠나던 날, 할머니는 매일 저녁 가장 밝게 뜨는 늑대별을 바라보라고 했습니다. 자신도 꼭 그 별을 바라보겠다고 약속하면서, 아무리 멀리 떨어져 있어도 늑대별을 보는 동안은 서로의 '영혼의 마음'을 느낄 수 있을 거라고 했습니다.

작은 나무는 고아원에 도착한 첫날부터 저녁을 거르며 늑대별을 보기 시작했습니다. 저녁 어스름 속에서 밝게 빛나는 늑대별을 보는 시간은 그에게 큰 위안과 힘을 안겨 주었습니다. 작은 나무는 늑대별을 통해서 할아버지와의 추억을 떠올리고 할머니의 사랑을 느낄 수 있었습니다. 그럼으로써 영혼의 마음을 살찌우고 모진 고통을 이겨 낼 수 있었습니다. 작은 나무는 얼마 후

할아버지 친구인 윌로 존의 도움으로 끔찍했던 고아원에서 벗어나 그리운 집으로 돌아오게 됩니다.

 우리 아이들에게 영혼의 마음을 지탱하게 해 주는 늑대별은 어디에 있을까요? 도시의 희뿌연 어스름 속에서 별들은 좀처럼 보이지 않습니다. 막막한 현실 속에 갇힌 아이들의 영혼은 무엇과도 연결되지 못한 채 고립되어 있습니다.
 '존재를 가린 지식' 속에 갇혀 있던 3학년 아이들의 영혼은 후배의 과잉행동장애를 이해할 마음의 여유가 없었습니다. 그 아이를 함부로 대하지 않는 친구의 여리고 고운 심성도 이해하지 못했습니다. 찌질한 아이들을 싸움 붙여 놓고 자신의 존재를 위안 받으려는 아이들의 영혼은 얼마나 작습니까. 모두가 경쟁자요, 사방이 적들인 학교에서 아이들의 영혼은 고아처럼 버려져 있습니다. 그들에게는 고단한 하루해가 저무는 짧은 시간이나마 함께 늑대별을 바라봐 줄 '영혼의 친구'가 없습니다.

가장 낮고 못난 사람들, 그들이 하느님입니다

우리 사회를 지배하고 있는 것은 엄청난 불안과 두려움입니다. 그 두려움의 실체는 남보다 적게 가지는 것 또는 남보다 못한 직업을 갖게 되는 것입니다. 우리는 지금 먹고살 만한 데도 마음에 가득한 탐욕과 허영 때문에 지옥에서 살고 있는 건 아닐까요?

경쟁의 감옥에서 벗어날 수 있는 길은 마음을 비우는 길밖에 없습니다. 앤서니 드 멜로 신부는 『깨어나십시오』에서 내가 아무것도 아니라는 사실에 완전히 만족하는 사람보다 행복한 사람은 없다고 말합니다. 그는 또 바보가 되는 걸 두려워하지 않게 될 때 사자처럼 살게 된다고 말합니다.

신의 은총을 받았다면 여러분은 '나'가 누구인지 갑자기 깨닫고 다시는 전과 같지 않게 됩니다. 다시는 어떠한 것도 여러분의 기분을 움직이지 못하고 아무도 다시는 여러분에게 상처를 줄 수 없는 겁니다. 아무도, 아무것도 두려워하지 않는 겁니다. … 왕처럼, 여왕처럼 살게 되죠. 그야말로 왕과 같은 존엄을 지니고 살죠. 신문에 사진이나 실리고 돈이나 많이 버는 것처럼 시시한 일이 아닙니다. 자기가 아무것도 아니라는 사실에 완전히 만족하기 때문에 아무도 두려워하지 않아요.

내가 아무것도 아니라는 것에 완전히 만족하는 사람은 어떤 삶을 살까요? 아마도 무료 급식소 '민들레 국수집'을 운영하고 있는 서영남 수사 같은 삶을 살 것입니다.

가장 못난 이를 가장 귀하게

서영남 수사는 배고픈 사람들에게 무료로 따뜻한 식사를 대접하는 일을 10년째 하고 있습니다. 동인천역에서 무료로 밥을 얻어먹고 있던 사람들의 비참한 모습을 목격한 것이 계기가 되었다고 합니다. 오래도록 줄을 서서 밥을 탄 사람들은 한참동안 목사님의 설교와 기도가 끝나기를 기다린 후에야 식어 빠진 음식을 먹을 수 있었습니다. 그는 배고픈 사람들에게 밥보다 '사람대접'이 더 필요하다는 사실을 깨닫고 기존과 전혀 다른 무료급식 식당을 엽니다. 먼저 그는 손님들이 눈칫밥을 먹지 않도록 '민들레 국수집'이라는 간판을 달았습니다. 정부기관의 지원을 일체 받지 않았고 후원회도 조직하지 않았습니다. 그런데도 민들레 국수집은 착한 사람들의 자발적인 나눔으로 하루 수백 명의 사람들을 대접하고 있습니다.

민들레 국수집에서는 줄을 서는 일이 없습니다. 그곳에서는 가장 배고픈 사람이 가장 중요한 손님입니다. 서영남 수사는 사람들이 줄을 서면 맨 뒤에 있는 사람부터 밥을 주었습니다. 그러자 손님들이 더 이상 줄을 서지 않게 되었고 밥은 배고픈 사람부터 먹게 되었다고 합니다. 배고픈 사람들이 더 배고픈 사람들을 위해 배 채우는 일을 기다려 준다는 것, 조금 더 배고픔 속에 머문다는 것은 실로 가슴 뜨거운 일입니다. 그들은 사람의 얼굴만 봐도 자신보다 한두 끼니, 혹은 하루나 이틀 더 굶주려서 기진맥진해 있다는 걸 기가 막히게 잘 압니다.

감동은 또 다른 감동을 불러옵니다. 먼저 온 사람보다 빨리 배를 채우게 된 사람은 배려해 준 사람들을 생각해서 적당한 양을 퍼서 서둘러 밥을 먹습니다. 밥을 기다리는 사람들의 고통을 너무나 잘 알기 때문이겠지요. 그렇게 좁은 식당 안에서 배려가 배려를 낳으며 작은 기적이 이루어집니다.

반면에 줄을 서서 밥을 타 먹으면 그런 배려를 기대하기 어렵습니다. 뒷사람이 더 배고프든 말든, 그들이 먹을 게 남든 말든 욕심껏 퍼 담아서 자기 배만 채우면 되니까요. 먹다가 음식이 남더라도 아까울 것 없이 버리면 그만입니다. 줄을 선다는 건 얼핏 공정한 일 같지만, 이기적인 존재가 되게 만들기도 하는 것입니다. 서영남 수사는 줄을 사라지게 함으로써 밥보다 인간으로서의 존엄성이 더 중요하다는 것과 자신이 존엄한 존재라는 사실을 미약하나마 자각하게 해 주었습니다.

서 수사는 한 번 찾아온 손님의 이름은 '시험 공부하듯이' 외워서 다음에 또 찾아왔을 때 꼭 이름을 불러 드립니다. 이름이 불린 손님들은 얼굴이 환해질 뿐만 아니라 자신의 머리와 옷차림에 한 번이라도 더 신경을 쓴다고 합니다. 서 수사는 그들의 방문을 하느님의 방문이라 여기며 온 정성을 다해 대접하고, 국수집으로 찾아오는 분들을 'VIP손님'이라고 부릅니다. 지극히 작은 자에게 한 것이 곧 내게 한 것이라는 예수의 말씀을 그대로 실천하고 있는 것입니다.

힘들게 해서 고마운 존재

교실에서 '가장 낮은 사람'은 특수교육 대상 학생들일 것입니다. 뇌 기능이 떨어지는 그들은 다른 아이들에게 동등한 대접을 받기가 매우 어렵습니다. 특히 친구들에게 크고 작은 폐를 끼치는 주의력결핍 과잉행동증후군 ADHD 아이들은 교우관계에서 큰 골칫거리로 취급받습니다. 과잉행동증후군이 심했던 준수도 유아적 과대망상과 흥분 상태로 지내는 때가 많았습니다. 준수는 3학년들과 큰 홍역을 치른 후 비교적 무난하게 생활하는 듯 보였지만 오래가지는 못했습니다.

4월이 지나고 5월이 되자 준수와 심각한 갈등을 겪는 여학생들이 생기기 시작했습니다.

세은이와 해정이는 준수와 자주 장난도 치고 말싸움도 하는 아이들이었습니다. 싸움은 주로 준수와 농담을 주고받다가 서로 감정을 건드려서 입씨름으로 발전하는 식이었습니다. 말로 여학생들을 이길 수 없었던 준수는 욕을 하거나 때리는 것으로 보복을 했습니다. 여학생들은 준수가 손으로 밀거나 팔을 칠 때마다 집에 찾아가겠다고 협박하며 행동을 중지시키곤 했습니다. 그러다 준수가 우산으로 위협하던 날, 둘은 급기야 준수 어머니 가게를 찾아갔습니다.

그날 준수는 가게 앞에서 여자아이들을 결사적으로 막다가 제게 전화를 했습니다. 급히 준수네 가게로 가 보니 세은이와 해정이의 어머니도 와 있었습니다. 세은이의 어머니는 준수를 많이 이해하는 편이었지만 해정이의 어머니는 적잖은 피해의식을 갖고 있었습니다. 여학생 어머니들이 자기 어머니를 만나려는 것에 극도로 화가 난 준수는 사나운 짐승처럼 날뛰고 있었습니다. 스스로 감당할 수 없는 흥분 상태에 빠져 있는 듯했습니다. 때마침 그날 준수 어머니는 가게에 있지 않았습니다. 저는 준수 부모님을 만나서 해결책을 찾아보겠노라는 뜻을 전하고 학생들과 어머니들을 돌려보냈습니다.

다음 날 준수 부모님을 만나 두 시간 동안 대화를 나눴습니다. 그리고 준수에 대해 많은 것을 이해할 수 있었습니다. 준수의 문제는 아이들을 건드리고 간섭하는 것이었습니다. 뒤에서 안거나 때리면서 대화에 끼어들려는 행동 때문에 많은 아이들이 고통을 겪고 있었습니다. 그것은 소통을 위한 준수의 몸부림이기도 했습니다. 준수는 그런 방법 말고는 아이들과 관계 맺는 법을 모르는 아이였습니다. 괴롭히고 간섭하고 못살게 굴고, 때로는 놀림감이 되고 이용을 당하기도 하면서, 왜곡된 관계일망정 그렇게라도 소통을 하고 싶은 것이었습니다. 저는 준수 어머니에게 이렇게 말씀드렸습니다.

"어머니 말씀을 들으면서 어머니가 준수를 통해서 더 넓고 깊은 마음을 얻게 되셨다는 걸 느낄 수 있었습니다. 또 준수 때문에 타인의 고통을 더 깊게 느끼는 마음을 배우셨을 거라는 생각도 들었어요."

준수 어머니는 환하게 웃으며 고개를 끄덕였습니다. 제가 마주 웃으며 말했습니다.

"저 역시 준수를 통해서 제자와 관계 맺는 능력을 깊고 넓게 배워 가겠습니다. 저와 부모님이 함께 노력하면 준수도 관계 맺는 법을 하나씩 배워 갈 거예요."

그날 저는 준수를 어떻게 대해야 할지 큰 방향을 잡았습니다. 그것은 노숙인들을 VIP 손님처럼 대했던 서영남 수사처럼 준수를 반에서 가장 중요한 사람으로 대하는 것이었습니다.

다음 날 조회시간에 준수를 교무실로 내려 보내고 아이들에게 말했습니다.

"너희도 알다시피 준수는 정상적으로 대화를 나눌 수 있을 만큼 지적 능력을 갖고 있지 않잖아. 그렇기 때문에 귀찮게도 하고 대화할 때 막무가내로 끼어들기도 하는 거야. 그렇게 하지 않으면 준수는 누구하고도 관계를 맺을 수 없을걸? 그러면 뭐가 되는 거니?"

똑똑한 현지가 대답했습니다.

"왕따요."

"그래, 왕따가 되는 거야. 인간에게 관계가 없다면 존재 자체가 없는 것이기도 해. 우리 반에는 성진이처럼 준수를 대하는 게 하나도 어렵지 않은 아이도 있어. 선생님은 다른 사람들도 성진이처럼 준수와 원만하게 관계하는 법을 배웠으면 좋겠어. 준수하고 잘 지낼 수 있는 사람이 되면 앞으로 누구를 만나도 두렵지 않을 거야. 나는 너희들이 준수에 대한 고정관념을 바꿔 보면 어떨까 싶어. 이번 기회에 준수를 통해서 탁월한 인간관계 능력을 배워 보는 거야. 어때, 괜찮은 생각 아니니?"

아이들은 그리 괜찮은 생각이 아닌 것 같다는 표정을 띠고 있거나, 그게 과연 가능할까 하는 얼굴을 하고 있었습니다. 하지만 아이들이 귀 기울여 제 이야기를 들어준 것만으로도 큰 성과가 있었습니다. 적어도 담임이 준수와의 관계를 매우 중요하게 생각하고 있다는 메시지를 전할 수 있었기 때문입니다.

저는 준수와 매주 한 시간씩 책을 읽고 상담을 했습니다. 첫째 날 준수에게 마시멜로 실험을 해 보았습니다. 마시멜로 실험은 아이에게 과자를 주고 한 시간 동안 먹지 않으면 과자를 하나 더 주는 실험입니다. 연구에 따르면 욕망을 참지 못한 아이들보다 한 시간 동안 잘 참고 과자를 하나 더 받은 아이들이 더 성공적인 삶을 살았다고 합니다. 준수는 마시멜로 훈련을 예상보다 힘들지 않게 통과했습니다. 매우 희망적인 일이었지요.

일주일에 한 번씩 꾸준히 대화를 하는 동안 준수는 교실에서 있었던 크고 작은 일들을 조근조근 말해 주었습니다. 자신의 생각을 충분히 말하고 난 준수는 제 설명을 듣고는 대부분의 의견에 동의해 주었습니다. 그러면서 조금씩 달라져 갔습니다. 적어도 저에게 약속한 아이에게는 다시 간섭하지 않았습니다. 준수는 이따금씩 이렇게 자기자랑을 했습니다.

"선생님, 오늘은 세은이 안 건드렸어요. 저 잘 고치죠?"
"그럼! 준수는 한번 마음먹은 건 잘 지키는 사람이잖아."

준수는 그렇게 아이들을 골고루 괴롭히면서(?) 1학기를 무사히 마쳤습니다. 아무도 돌아보지 않는 준수와의 관계를 가장 중요하게 여기고 시간과 노력을 쏟은 것이 헛되지 않았던 것입니다.

아이를, 교육을, 세상을 구원하는 가난한 마음

현대인들은 수많은 물질문명의 혜택을 누리며 살고 있습니다. 세탁기, 냉장고, 자동차, 텔레비전, 컴퓨터, 에어컨, 히터, 정수기, 휴대전화, 엠피쓰리, 닌텐도 등등. 우리는 백 년 전을 기준으로 할 때 노예 100명씩을 부리는 것과 같은 에너지를 사용하고 있다고 합니다. 전 세계인들이 미국인들처럼 에너지를 사용하면서 살려면 지구가 세 개 필요하다는 말도 있습니다.

지구는 지금 온난화로 빙하가 녹고 있고, 원자력 폐기물로 바다가 오염되고 있고, 지구의 허파인 아마존의 밀림이 사라지고 있으며, 지구의 살갗인 흙이 엄청난 속도로 사막화 되고 있습니다. 인류는 지금 조용하고 빠르게 공멸을 향해 가고 있는지도 모릅니다. 이런 파멸은 지식과 부를 독점한 기득권층의 탐욕으로 빚어지는 것이기도 합니다. 그들이 어마어마한 풍요와 안락을 누리고 있는 동안 지구의 절반이 굶주리고 있으며 3초에 한 명이

기아로 죽어 가고 있습니다.

공멸이 임박한 이 지구를 구원할 수 있는 이들은 누구일까요? 가난한 마음으로 가난한 삶을 실천하는 이들입니다. '더 많은 부를 탐하지 않고 더 많은 소비를 원하지 않으며 가진 것에 만족하는 삶'을 좇는 사람들입니다. 적은 땅을 사용하고 적게 소비함으로써 지구에 생명의 도리를 다하는 고귀한 삶, 그것이 바로 가난한 삶입니다.

가난한 마음과 가난한 삶은 탐욕과 허영을 내려놓을 때 이룰 수 있습니다. 그것은 지배 체제와의 싸움을 의미하기도 합니다. 우리는 이 싸움에서 반드시 이겨야 합니다. 아이들이 가난하지만 정직하게 살아가는 부모를 자랑스러워하는 사회를 만들어야 합니다.

가난한 마음을 가진 이들이 지구를 구하듯이 탐욕과 허영을 내려놓는 부모들이 아이들과 교육을 구원할 수 있습니다. 몸이 아플 때는 가장 아픈 곳을 먼저 치료하듯이 공동체도 가장 아픈 사람을 먼저 돌보고 치유해야 합니다. 가장 낮은 사람을 돌아보지 않는 공동체는 가장 아픈 곳을 내버려 두고 보약만 먹는 몸과 같습니다. 가장 못난 사람을 중요하게 여기지 않는 공동체는 썩고 있는 상처를 내버려 두고 운동만 하는 몸과 같습니다. 학교공동체와 가족공동체도 마찬가지입니다. 오늘 교실에서 무시받고 있는 아이, 지금 가정에서 고통 받고 있는 아이들을 돌봐야 합니다. 부모들이 탐욕과 허영을 내려놓고 아이들을 존재 그 자체로 사랑할 때 비로소 학교도 가정도 건강해질 것입니다.

가난한 마음으로 가족 세우기
있는 그대로 보기 –
존재 자체를 사랑하기

　나는 지금 무슨 글을 쓰고 있는가? 마음이 가난해지라고? 마음도 그릇처럼 비어야 담을 수 있다고? 스스로도 실천에 옮기지 못할 일을 감히 타인들에게 해 보라고 말하고 있지 않은가? 마음은 그릇과 한 가지 크게 다른 게 있다. 부지런히 비워 내도 어느새 새로운 걱정과 탐욕이 들어차 온다는 것이다. 그런데도 나는 마음이 가난해지기를 소망한다. 자꾸 차오르는 불안과 욕망을 씻고 또 씻으면서라도 그 길을 가고 싶다. 마음 그릇에 들어온 것들을 자꾸 들여다보는 길밖에는 없는 것 같다. 이놈의 그릇은 눈에 보이지 않으니 비우기도 참 어렵다.
　그래도 가 보자. 고단한 현실에 파묻히지 말고 가난한 마음으로 그 현실을 돌파하는 길을 찾아보자. 아이의 마음을 잘 담아 주기 위해서는 어떤 마음이 되어야 할까? 먼저 전인권이 어린 시절에 만났던 화가 아저씨처럼 존재 자체를 사랑하는 법을 배워야 할 것이다.

화가 아저씨는 어제 본 것을 오늘 또 보고, 앞에서 본 것을 뒤에서 또 보고, 옆에서도 보고 위에서도 볼 때 참되게 '보게' 된다고 말했다. 이로 보건대 '존재 자체를 보는 것'은 어느 순간 기적과 같이, 은총처럼 내려오는 것이다.

인간에게 존재 자체를 사랑하는 일은 세상에서 가장 어려운 일인지도 모른다. 뱃속으로 낳은 자식조차도 존재 자체를 사랑하는 길은 험난하기 그지없다. 이는 마음이 끊임없이 만들어 내고 있는 그림 때문이다. 그 그림은 항상 이상을 좇기 때문에 그림에 비춰진 아이는 항상 부족한 존재일 수밖에 없다. 나 역시 내 아이를 있는 그대로 사랑하는 일이 너무도 힘들었다.

고백하자면 나는 진보적이라고 자처하는 전교조 교사이면서 아들을 자립형 사립고에 보낸 부모이기도 하다. 그 일로 우리 가정을 자세히 알지 못하는 지인들로부터 '말과 행동이 다른 사람일지도 모른다'는 지탄의 눈총을 받기도 했다. 물론 우리 부부가 아이들을 어떻게 교육시켜 왔는지를 아는 사람들에게는 그런 의심을 받지 않았다. 사실 부모로서 교육을 '시킨' 것은 거의 없었다. 아들은 중1 때까지 인터넷 강의를 들으며 스스로 공부했다. 중2가 되더니 친구들 따라 학원에 다니고 싶다고 하여 동네 학원을 보내 주었다. 특목고도 스스로 선택해서 간 것이다. 우리는 아들에게 "잘난 아이들 속에서 공부하기 힘들면 언제든 다시 돌아와라. 일반고로 전학을 하거나 검정고시라도 치면 된다"고 말하곤 했다.

　아들은 첫 중간고사 시험을 무난하게 치렀다. 그런데 그 후부터 중학교 때와 다른 모습을 보이기 시작했다. 기숙사에서 생활 규칙을 자주 어겨서 벌점이 쌓여 가더니, 급기야 1학기도 마치기 전에 쫓겨날 위기에 처했다. 점점 공부에도 소홀해지는 듯했다. 같은 방에 스타크래프트 고수인 친구가 있는데 주말마다 친구들이 그 방에 몰려와서 게임을 즐긴다는 소문도 들렸다. 여름방학 때 집으로 돌아온 아들은 중간고사 이후부터 유혹을 이기지 못하고 주말마다 게임에 빠져서 기말고사를 망쳤다고 웃으며 말했다. 그 말을 들었을 때는 "인간은 본래 환경과 조건을 극복하기 어렵다"는 말로 위로를 해 주었다.

　그런데 일주일 뒤 학교 홈페이지에서 성적통지표를 확인한 후에는 마음이 적잖게 흔들렸다. 중간고사에 비해 성적 차는 적었지만 등수 차가 컸다. 그것이 중간고사와 기말고사를 합친 성적이었다는 점이 더 우려스러웠다. 기말고사 등수는 그만큼 더 떨어졌을 터였기 때문이다. 아내는 아들에게 고생했다는 말도 없이 성적이 안 나왔다며 실망감을 표현했다. 평소의 아내답지 않은 행동이었다. 아들이 마음을 다쳤을 거라는 걸 짐작할 수 있었다. 안방에서 책을 읽고 있던 나는 못 들은 체하며 아들의 성적에 대해 언급을 하지 않았다.

　그날 저녁 도서관에서 책을 보는데, 생각이 왔다 갔다 했다. 첫 시험에서 그런 성적을 받았다면 이렇게 실망스럽지 않았을 것이다. 아들이 최선을 다했는데 이만큼 한 것이구나 하며 담담히 받아들였을 것이다. 기숙사에서의 생활 태도가 계속 흐트러졌다는 점도 자꾸 걸렸다. 그런 나태함의 연장선에서 성적이 떨어졌다는 사실에 대한 실망감이 좀처럼 떠나지 않았다. 그러다 문득 내가 마음의 가난함을 잃었다는 자각이 들었다. 나는 '좀 더 훌륭한', '좀 더 대견한' 아들이라는 마음속 그림을 내려놓지 못하고 있었던 것이다. 그 그림에 비춰 보는 한 나는 아들을 있는 그대로 볼 수 없었고 존재 자체를 사랑할 수도 없었다. 그 완벽한 그림이 너무도 무섭고 끔찍했다. 나는 아들에게 지체 없이 문자를 보냈다.

> 1학기 시험에 대한 아버지의 소감은 '한 학기 동안 있는 힘을 다한 네 노력이 참 훌륭하고 그대로 충분하다'는 거야. 너도 네 자신에게 '고생했다. 충분하다'고 말해 주기를…. 넌 언제나 자랑스러운 엄마와 아버지의 아들이니까^^

아들의 답신은 간단했지만 많은 마음을 담고 있었다.

> 네ㅋ

있는 그대로 보는 일은 어렵고, 존재 자체를 사랑하는 일은 진정 힘들다. 나는 '마음속 그림'이 떠오를 때마다 자신에게 이렇게 속삭인다.

"내가 아무리 그림을 붙들고 있어도 내 아들은 영원히 그림대로 될 수 없을 것이다. 이보다 더 바보 같은 짓이 어디에 있는가. 이보다 더 악마적인 그림이 어디에 있는가. 아들의 존재 자체를 사랑한다는 건, 내 마음이 아들을 '지금 이대로 충분한' 존재로 받아들이는 것이다."

물론 아이는 아직도 자기중심적일 때가 있고 똑같은 잘못을 반복하기도 한다. 때로 아이의 변화가 닿을 수 없는 지평선처럼 아득해 보이기도 한다. 그러나 어디로 가고 있는지 몰라도 올바른 방향으로 가고 있다고 믿고 있다. 나는 날마다 마음속으로 아이에게 말한다. '아들아, 네가 무슨 행동을 하더라도 나의 마음은 항상 너에게 열려 있단다.'

2장
마음을 비우면 우는 아이가 보입니다

마음이 가난해지면, 즉 마음을 비우면 가혹한 경쟁 속에서 길 잃은 어린 짐승처럼 떨고 있는 아이가 보입니다.
가장 슬픈 것은 노예로 사는 것입니다. 이유도 모른 채 경쟁에 내몰려 쫓기듯 살고 있는 아이들을 보십시오. 부모라면 슬퍼하는 마음을 회복해야 합니다. 마음을 비우면 다시 슬퍼할 수 있습니다.

애끓는 마음만이 위로할 수 있습니다

『나부터 교육혁명』에 나오는 이야기입니다. 인디언 아이들이 미국의 어느 학교로 전학 갔을 때 있었던 일입니다. 선생님이 시험 볼 준비를 하라고 지시하자 백인 학생들은 필기도구를 꺼내고 책가방을 책상 사이에 올려놓았는데, 인디언 학생들은 책상을 돌려서 둥그렇게 모여 앉았습니다. 선생님이 인디언 아이들에게 왜 그렇게 앉느냐고 물었습니다.

"저희들은 어려서부터 힘든 문제가 있을 때마다 서로 도와 가며 해결해야 한다고 배웠어요."

인디언 아이들의 대답이 맞지 않습니까? 인생에서 풀기 어려운 문제에 부딪혔을 때, 혼자 끙끙 앓는 것보다 힘과 지혜를 한데 모으는 것이 훨씬 지혜로운 일이지요. 인류는 오랜 세월 동안 자연 속에서 공동체를 이루며 살아왔습니다. 긴밀하게 연결된 그물망처럼 공동체를 이루고 살지 않았다면 인간은 험난한 자연과 험악한 짐승들 속에서 생존할 수 없었을 것입니다.

공동체라는 말의 어원은 공동체의 본질을 잘 보여 줍니다. 공동체community는 '서로com- 선물을 주는munus 관계'라는 뜻입니다. 그러니 함께 잘 사는 길을 찾아 머리를 맞댔던 인디언 사회야말로 인간다운 사회요, 지속 가능한 사회였습니다.

희망 없는 미래, 무너진 공동체

『내 영혼이 따뜻했던 날들』을 보면 체로키 인디언들은 동물들의 번식기인 봄과 여름에는 사냥을 하지 않았습니다. 사람이 짝짓기와 싸움을 동시에 할 수 없듯 동물도 마찬가지일 거라고 생각했기 때문이지요. 또 그들은 사냥을 계속 하면 동물들이 새끼를 낳을 수 없게 되어 결국 공멸할 거라는 것을 잘 알고 있었습니다. 동물들의 짝짓기 시기에 인디언들은 물고기를 잡아먹었는데, 이때도 새끼들은 빠져나갈 수 있는 바구니를 사용했습니다.

1830년대에 백인 정복자들은 체로키 인디언들을 죽이거나 살던 곳에서 내쫓았습니다. 그렇게 인디언들이 쫓겨난 아메리카 대륙은 지구의 운명을 보여 주는 것처럼 끔찍한 폐허로 변해 가고 있습니다. 인디언들은 울창한 나무와 새들과 대화를 나누며 공생했는데, 돈벌이에만 급급한 거대 기업들이 무차별적으로 벌목하여 천연림들이 10분의 1도 남지 않았습니다. 인디언들은 바다에서 강으로 돌아온 연어들을 잡을 때도 큰 물고기만 잡을 수 있는 그물로 필요한 만큼만 잡았는데, 정복자들은 강마다 거대한 댐을 만들어 연어들을 떼죽음시키고 있습니다. 인디언들은 주요 식량 공급원이었던 들소를 사냥할 때 들소의 영혼을 위한 제사를 드린 후에 사냥을 할 정도로 생명에 대한 외경심을 갖고 있었습니다. 그러나 백인들은 인디언을 정복하기 위해서 6천 마리의 들소들을 몰살했습니다.

오늘날 지구를 지배하고 있는 것은 경쟁과 탐욕의 자본주의 원리입니다. 지구인들은 더 이상 공동체의 일원도 아니고 타인과 연결된 존재도 아니지요. 그야말로 '만인에 대한 만인의 투쟁' 사회에서 고립된 존재로 파편화 되어 있습니다. 남루하게나마 가족공동체에 속해 있지만, 그 역시 가족이기주의 속에 갇힌 섬일 뿐입니다.

공동체에서 분리된 개인은 홀로 경쟁체제에 맞서 보지만, 소수의 승자들 외에는 패배가 예정되어 있을 뿐입니다. 이제는 아이들도 그것을 잘 알고 있습니다. 아무리 발버둥 쳐도 사다리를 올라갈 수 없다는 걸. 지옥 같은 터널 끝에서 기다리고 있는 것이 비정규직이나 실업자의 삶이라는 걸. 노조 파업에 대한 기업주들의 손해배상 소송 폭탄으로 정규직 노동자의 공동체마저 무력화 되고 있다는 걸. 평생의 노동을 끝내고 은퇴한 뒤에도 복지의 사각지대에서 버둥거려야 하는 노년이 기다리고 있다는 걸.

오늘의 학교에서는 아무 희망도 없는 아이들이 교사에게 쌍욕을 하며 대드는 일이 비일비재하게 일어납니다. 교사와 학생들은 희망 없는 교육 속에서 서로를 향해 분노를 터뜨리고 있지만,

이것은 분노의 방향이 한참 잘못된 것입니다. 그 분노는 부모와 학생들을 사교육 폭탄 속으로 내몰고 있는 체제를 향해야 할 것입니다. 그 체제 속에서 엄청난 기득권을 누리고 있는 사람들에게 향해야 할 것입니다.

기득권 세력은 대중에게 성공신화를 퍼뜨리기 좋아합니다. 그러나 극소수의 성공신화 속에는 그 길을 걷다가 실패한 무수히 많은 사람들의 그림자가 묻혀 있습니다. 또한 성공신화는 사회적 성공을 철저히 개인의 문제로 인식하게 만듭니다. 그 때문에 지배세력이 부유층을 위한 사교육을 강화하고 공교육을 부실하게 만들어 왔는데도 일반 대중은 그 사실에 무감각합니다. 그들은 고액 사교육으로 자식들을 명문대에 입학시키고 일류기업에 취직시킴으로써 부와 신분을 대물림하고 있습니다. 점점 더 가혹한 경쟁 구조를 만들어 사회 구성원들이 앞만 보고 달리게 함으로써 자기들만의 기득권을 유지하고 확대해 갑니다. 이런 사회 구조 속에서는 학교 역시 멀쩡할 수 없습니다.

학생의 아픔에 관심 없는 학교 시스템

겨울방학을 일주일 앞둔 월요일이었습니다. 제가 출근하자마자 교무부장님이 다가와 조심스럽게 물었습니다.

"선생님! 반 교체에 대해서 들으셨어요? 지난 주말에 결정된 사항인데…."

"반 교체라뇨?"

"2학년 13반 승희가 반 아이를 괴롭혔는데, 피해 학생 부모가 가해 학생의 반 교체를 요구했어요. 원래는 학급 인원이 가장 적은 2학년 10반으로 가야 하는 상황이었어요. 그런데 같은 층이라 효과가 없을 거 같아서 고심하다가 1반으로 가는 게 가장 좋겠다고 폭력대책위원회에서 결정했어요."

처음엔 황당해서 말이 나오지 않았습니다. 미리 양해를 구하지도 않은 채 문제 학생을 떠맡으라니오! 그러나 2학년 총괄 업무를 맡고 있었기 때문에 일단 협조하기로 마음먹었습니다.

"제가 2학년 계 담당이기 때문에 맡기신 거라면 협조해 드려야죠."

교무부장님이 예상하고 있었다는 표정으로 말했습니다.

"승희를 오늘 선생님 반으로 이동시켜야 되거든요."

"전 일단 교실에 가서 반 아이들에게 먼저 설명을 하겠습니다."

아이들의 반응은 대단히 부정적이었습니다. 학기 말에 다른 반에서 문제를 일으킨 아이가 오는 걸 환영할 아이는 없으니까요.

"얘들아, 누군가를 괴롭힌 사람은 일단 마음이 아픈 사람이라는 사실을 기억해야 돼. 틀림없이 그 애도 아픈 아이일 거야. 그 아이가 오면 너희들이 따뜻하게 맞이해 줘야 돼, 알았지?"

아이들은 그럴 마음이 전혀 없어 보였습니다. 특히 여자아이들은 냉담했습니다. 저는 그나마 믿을 만했던 부회장 선영이에게 승희를 부탁하고 교실을 나왔습니다. 교무부장님이 우리 반 교실로 다급히 걸어오고 있었습니다.

"선생님, 승희가 지금 교무실에서 기다리고 있거든요. 선생님이 데리고 들어가실 거죠?"

저는 일단 승희하고 이야기를 한 다음에 데리고 들어가겠다고 대답했습니다.

승희는 생각보다 키가 작았고 인상도 평범해 보였습니다. 잔뜩 화가 나 있는 얼굴이었지만, 묻는 말에 차분히 대답해 주었습니다. 승희는 예은이라는 아이에게 휴대전화를 몇 번 빌려 쓰고 물을 몇 번 얻어 먹었습니다. 그러다 분필가루를 묻히며 장난친 것을 계기로 예은이가 폭발했고, 예은이 부모님의 요구로 반 교체까지 당한 것이었습니다.

"선생님이 승희 입장이 돼서 생각해 보면 지금 1반 교실로 들어가는 게 많이 부담이 될 거 같아. 대부분 생판 모르는 아이들일 텐데…."

승희의 눈에 눈물이 맺혔습니다. 승희는 할 말이 많은 듯했지만 차마 입을 열지 못한 채 고개만 주억거렸습니다. 그 순간 승희에 대해 많은 것들이 이해되었습니다. 때로 한 방울의 눈물이 말로 담을 수 없는 많은 이야기를 들려주는 법이지요.

"지금은 조퇴하고 집에 가고 싶은 생각밖에 없을 거야, 그렇지?"

승희가 처음으로 시원스럽게 대답했습니다.

"네, 조퇴시켜 주세요."

"그래, 일단 어머니하고 통화부터 하자."

승희 어머니의 목소리는 학교에 대한 불신과 분노로 가득 차 있었습니다.

"승희가 충격을 너무 많이 받아서 정신과 치료까지 받았어요. 아무래도 반을 옮기는 건 힘들 거 같아요, 선생님."

저는 승희가 정신과 치료까지 받았다는 사실에 적지 않은 충격을 받았습니다. 생각보다 사건이 훨씬 복잡하다는 생각이 들었습니다. 승희 어머니와는 다음 날 만나기로 하고 전화를 끊었습니다. 승희는 통화가 끝나기도 전에 제게 허락을 구하고 학교를 빠져나갔습니다.

다음 날 승희 어머니가 분기탱천한 얼굴로 학교에 찾아왔습니다. 승희 어머니의 요청으로 교무부장과 생활지도부장, 교감선생님, 제가 교장실로 함께 들어갔습니다.

"지금 승희는 먹지도 않고 잠만 잡니다. 제가 이해가 안 되는 건 왜 어제 아침에 저한테 알리지도 않고 승희를 13반에서 책 빼내듯이 빼서 1반에 꽂아 넣으려고 하셨냐는 겁니다. 애한테 그게 얼마나 충격적인 일인지 생각이나 해 보셨나요?"

승희 어머니의 목소리는 피의자를 심문하는 검사 같았습니다. 피해 학생 어머니가 교육청에 민원을 올렸고 장학사가 조사를 하러 나왔기 때문에 서둘렀다고 교감선생님이 설명했습니다.

"네, 저도 그럴 거라고 예상하고 있었어요. 장학사님이 조사하기 전에 반을 교체하려고 했던 거라고. 그게 승희한테 얼마나 상처가 되는 일인지 한 번이라도 생각해 보셨나요?"

승희 어머니의 추궁에 교감선생님도 교장선생님도 대답을 하지 못했습니다.

"어머니께 먼저 알리지 않은 점에 대해서는 사과를 드립니다."

교장선생님의 사과를 들은 후에야 승희 어머니의 마음이 조금 누그러졌습니다. 잠시 후 교장실을 나와 회의실에서 승희 어머니와 한참동안 대화를 더 나눴습니다. 저는 어머니의 요구대로 승희가 남은 학기 동안 집에서 쉴 수 있도록 해 주었습니다. 승희 어머니는 승희가 집에 있는 동안 읽히라며 제가 건네준 책 두 권을 받은 후부터 한층 마음이 누그러지더니 밝은 얼굴로 돌아갔습니다.

학교에 근무하다 보면 종종 이런 의문이 들곤 합니다. '학교는 학생들을 올바르게 교육하기 위해서 존재하는 곳인가, 교육청의 감사와 학교 평가를 잘 받기 위해서 존재하는 곳인가?' 승희 사건도 홈페이지의 민원을 본 장학사가 "왜 반을 교체하지 않았느냐"고 추궁하자 교감선생님이 당황해 서두르다가 문제를 키운 것이었습니다.

경쟁 시스템에 갇혀 있는 학교 교육은 점점 더 사회의 경쟁체제를 강화하는 도구로 전락하고 있는 듯합니다. 교장선생님을 비롯한 네 분의 선생님들은, 허투루 하는 말이 아니라 아이들에 대한 사랑과 교육을 향한 사명감이 남다른 분들입니다. 그러나 개인의 성품이 탁월할지라도 체제의 강력한 물살을 넘기에는 역부족인 경우가 많습니다.

너무 슬퍼서 속이 끓는 듯한 마음

해마다 자살하는 아이들이 급격히 늘고 있고, 부모와 교사에게 욕을 하고 폭행까지 하는 아이들이 늘고 있는데 왜 우리 사회는 입시 경쟁의 과속 질주를 멈추지 못하는 걸까요?

　학자 더글러스 러미스에 의하면 인간은 체제의 요구를 거부하기 어려워하는 성향이 있다고 합니다. 그는 이러한 성향을 '타이타닉 현실주의'라고 말합니다. 초대형 선박 타이타닉 호가 침몰하기 전에 무수히 많은 위험신호가 있었다고 합니다. 그러나 선장을 비롯한 전문가들, 심지어 과학자들조차 배의 방향을 바꾸려는 사람은 아무도 없었습니다. 그들처럼 우리도 무한경쟁 교육이 학교를 붕괴하고 있다는 무수한 경고를 보면서도 방향을 바꾸지 못하고 있습니다. '타이타닉 현실주의'에 매몰되어 있는 사람들은 배가 빙산에 부딪히기 전까지는 방향을 바꾸려 하지 않기 때문입니다.

　우리나라 사람들은 '강자만이 살아남는다'는 체제의 논리에 세뇌되어 있는 듯합니다. 아이가 죽든 말든 상관하지 않고 상위 1퍼센트를 향해 몰아붙이고 있는 부모들은 자발적으로 체제의 노예가 되고 있는 것일지도 모릅니다. 이러한 체제의 세뇌에서 벗어나지 못하는 한 '빙산을 향해 달려가고 있는 타이타닉 호'에서 내려오는 것은 불가능한 일입니다.

　학교와 학원은 지배체제를 유지해 주는 핵심적인 역할을 하는 곳이기도 합니다. 두 기관은 아이들을 아침부터 밤늦게까지 감옥 같은 건물에 가둔 채 고분고분하게 순응하는 노예로 만들고 있습니다. 쳇바퀴 돌듯 학교와 집과 학원을 오가는 아이들은 내가 누구인지, 여기가 어디인지, 이 시스템은 누가 만든 것인지 생각할 여유 없이 허겁지겁 일상에 쫓겨 살게 됩니다.

- 나는 자유로운 자인가, 아니면 자유를 빼앗긴 노예인가?
- 이 공부 중독의 끝은 어디인가?
- 온 국민을 일 중독자로 만들어 놓고 어마어마한 이윤을 착취하는 자는 누구인가?
- 나는 어느 길을 가서 어떤 삶을 살게 될까?

학교와 학원은 아이들로 하여금 이런 실존적인 질문을 할 수 없게 만듭니다. 아이들은 그저 비명을 지르거나 자학과 파괴에 빠져 하루하루를 견딜 뿐입니다.

"이제 됐어?"

엄마가 원하는 점수를 받은 후에 옥상에서 뛰어내린 특목고 여고생이 남긴 유서의 전부입니다. 얼마나 더 강력한 위험신호와 경고가 들려야 할까요? 아이들은 세상을 향해 아프게 외치고 있습니다. 이래도 모르겠느냐고, 어디까지 가야 정신을 차리겠느냐고….

사회가 이럴수록 가족공동체는 아이들을 위해 더 많이 아파해야 합니다. 아마도 힘없고 고통 받는 사람들에 대해 가장 크게 슬퍼했던 사람은 성경에 나오는 예수일 것입니다. 예수는 슬퍼하는 사람은 복이 있으며 그는 위로를 받을 것이라고 말했습니다. 여기서 '슬퍼하다'라는 말은 '애통하다' 또는 '측은히 여기다'라는 의미입니다. 우리말로는 '애끓는'과 가장 가깝습니다. '애끓는다'는 말은 '매우 슬퍼서 속이 끓는 듯하다'는 뜻입니다.

우리는 애끓는 마음을 회복해야 합니다. 아이들의 비명과 자학에 귀를 기울인다면 반드시 아이들을 파괴하고 있는 체제에 분노하게 될 것입니다. 또한 아이의 참 행복에 눈을 뜰 것입니다.

한 어머니가 있었습니다. 어머니는 아이가 초등학교 2학년 때 영재 소질이 있다는 말을 듣고 아이를 영재학원에 보내 중학생 수준의 교육을 받게 했습니다. 그런데 아이가 점점 변해 갔습니다. 언젠가부터 말수가 줄고 친구들과 자주 다투었습니다. 그러던 어느 날 마침내 곪아 있던 것이 터지고 말았습니다. 학원 글짓기 숙제를 제대로 다시 하라고 소리를 지르자 아이가 그동안 쌓여 있던 울음을 남김없이 토해 낸 것입니다. 서러움에 북받친 울음소리를 듣던 어머니는 정신이 번쩍 났습니다. '내가 지금까지 이 어린아이한테 무슨 짓을 한 건가?' 한없이 부끄러워 그 즉시 영재학원을 끊었습니다.

그 어머니는 이후 아이를 보는 눈이 완전히 달라졌다고 고백합니다. 영재학원의 기준에 맞췄을 때는 부족한 점만 보였습니다. 그러나 '타이타닉 현실주의'에서 벗어나자 아이의 훌륭한 점들이 새롭게 보였고, 칭찬과 격려를 통해 아이 스스로 학습하도록 도울 수 있었습니다. 아이는 차츰 마음의 안정과 학습의 흥미를 되찾아 자기의 기량을 맘껏 펼쳤다고 합니다.

자본주의 체제는 본질적으로 공동체를 파괴하며 개인을 파편화 하는 시스템입니다. 가족공동체는 마지막으로 남은 최후의 보루입니다. 가족공동체 안에서조차 서로의 고통을 외면하고 슬픔을 느낄 줄 모른다면, 우리는 세상 어디에서도 위로를 받을 수 없는 존재가 되고 말 것입니다.

슬퍼하는 마음을 회복해야 합니다

　사회가 고도로 복잡해질수록 구성원들이 겪는 고통과 슬픔도 늘어납니다. 해법을 찾아가는 길이 너무 멀고 어렵기 때문이지요. 빠른 기간에 고도의 성장을 이룬 우리 사회는 슬퍼할 일들도 점점 많아져서 어느덧 신문 보는 일조차 두려운 지경에 이르렀습니다. 한국자살예방협회의 통계에 따르면 2009년 한 해 동안에 자살한 청소년들이 전년에 비해 50퍼센트 증가했다고 합니다. 예전엔 신문지상에서나 접했던 자살 소식이 이제는 근처 학교, 근처 아파트에서 일어날 정도로 우리 사회는 고통스러운 곳이 되고 말았습니다.

　이것보다 더 무서운 것은 사람들 가슴속으로 슬픔이 깃들지 못한다는 것입니다. 전쟁터에서 전사자가 너무 많으면 죽음에 무감각해지듯이, 슬퍼할 일이 너무 많으면 슬픔에도 둔감해지는 것일까요? 이제 슬픔은 신파와 기승전결로 꽉 짜인 영화나 드라마 속에만 있는 듯합니다.

타인의 고통과 공감하기 위해서는 뇌세포의 자극과 응답 사이에 공간In the space이 있어야 한다고 합니다. 이 공간이 클수록 스스로 선택할 수 있는 반응의 폭이 넓어집니다. 공간이 좁은 사람은 즉각적으로 분노나 우울의 반응을 보이지만, 공간이 넓은 사람은 사랑과 공감, 자유와 행복을 선택하여 반응합니다. 비어 있는 공간이 있어야 타인의 고통과 슬픔이 들어올 수 있을 테니 이것은 지극히 당연한 말일 것입니다.

공간을 잃어버린 아이들

어느 해 맡았던 1학년 교실의 풍경은 매우 황량했습니다. 주의력결핍 과잉행동장애 증상이 있는 아이들 대여섯 명이 수업을 심하게 방해하는 반이었습니다. 교과 선생님들이 수업을 진행할 수 없다고 하소연을 할 정도였습니다. 아이들은 수업 준비물은커녕 기본적인 필기도구조차 갖고 오지 않았습니다. 다른 아이들의 필통과 가방을 뒤져 볼펜이나 교과서를 반강제로 가져다 쓰고는 제대로 돌려주지도 않았습니다. 그런 행동이 습관화 되었고, 교실은 어느 순간 무법천지가 되어 있었습니다. 당하던 아이들까지 합세하여 허락 없이 친구들의 물건을 사용하다가 버리는 일이 예사로 벌어졌습니다.

피해를 당한 아이들의 하소연을 듣고 대대적인 설문조사를 했습니다. 상습적으로 물건을 뺏거나 훔쳐서 쓴 아이들이 전체의 3분의 1이나 되었습니다. 부모님들에게 편지로 아이들의 잘못을 알리고 벌금을 가져오게 한 후에야 겨우 진정이 되었습니다. 그런데 가장 심했던 두세 명의 아이들에게는 일말의 죄책감이나 미안한 감정조차 엿보이지 않았습니다. 자신의 물건을 강제로 뺏기거나 억울하게 잃어버린 아이들이 느낄 열패감이나 상실감에 대한 공감이 전혀 없었습니다.

아이들의 뇌 속 공간은 왜 이렇게 작아진 걸까요? 그것은 아이들이 자연과의 관계, 인간과의 관계를 잃어버리고 있기 때문일 것입니다. 우리 아이들은 어린 시절부터 학원과 학습지에 갇혀 있기 때문에 자연과 접할 기회가 없습니다. 맞벌이 부모님의 늦은 귀가로 인간적인 관계도 단절되고 있습니다. 이래서는 공감 능력을 키울 수 없습니다.

공간이 넓은 사람, 공감하는 사람

한비야는 『바람의 딸 걸어서 세 바퀴 반』이라는 책으로 널리 알려진 오지 여행가였습니다. 여행이 끝나면 난민을 돕는 일을 하고 싶다는 소망을 품어 왔던 그녀는 우리나라 국토를 종단한 후 인터뷰를 하는 자리에서, "앞으로 국제 구호단체에서 난민을 돕고 싶다"라고 말한 것이 계기가 되어 월드비전의 긴급구호 팀장이 됩니다. 그 결정 직후, 왜 재미있는 세계 여행이나 계속 하지 힘들게 긴급구호를 하느냐는 질문을 받았을 때 그녀는 이렇게 대답합니다.

"이 일이 제 가슴을 뛰게 하고, 제 피를 끓게 만들기 때문이에요."

한비야가 긴급구호에 뛰어들게 된 것은 6년 전 아프가니스탄에서 만났던 한 여자아이와의 인연이 결정적인 계기가 되었습니다. 지뢰로 왼쪽 다리와 오른팔을 잃은 여자아이가 까만 눈망울로 수줍게 건넨 빵을 받아든 순간, 그녀는 생명의 위협과 굶주림으로 고통당하는 난민들을 위해서 자신의 삶을 아낌없이 쓰겠다고 결심했습니다.

타인의 고통에 대한 공감 능력이 어찌나 큰지 그녀는 수능 시험을 보는 날이면 수험생들의 고통이 고스란히 전해져 하루 종일 떨어야 했다고 합니다. 이런 감수성은 난민들을 돕는 강렬한 힘의 원천이었지만 한편으로는 그녀에게 지독한 고통을 안겨 주기도 했습니다. 재난으로 거리를 가득 메운 부상자들을 볼 때마다 그들의 아픔이 너무도 생생하게 느껴져서 극심한 공황 상태를 겪어야 했습니다.

그러나 공감은 또 다른 공감을 끌어당기나 봅니다. 한비야는 아름다운 산으로 둘러싸인 네팔에서 남의 고통에 동참할 줄 아는 사람을 만나게 됩니다. 오지 여행을 하던 때 한비야는 히말라야 산을 오르다 고산병에 걸려 탈진한 상태로 쓰러졌습니다. 그때 동행했던 안내인이 고산증에 특효약이라는 마늘을 찧어 입에 물게 하고 그녀를 들쳐 업고 산을 내려왔습니다. 그는 100미터쯤 가서 한비야를 내려놓고 다시 돌아가 배낭을 가져오기를 수십 차례나 반복해야 했는데, 그녀가 등에 몇 번씩 마늘을 토해 놓아도 싫은 기색 없이 그녀를 숙소로 데려다 주었습니다. 며칠 후 다시 산을 오르자고 했을 때도 그가 흔쾌히 응해 준 덕분에 한비야는 고산병을 극복하고 히말라야 트래킹에 성공할 수 있었습니다. 그는 감사의 표시로 등산화와 저녁을 사겠다는 한비야를 오히려 집으로 초대해서 키우던 닭을 잡아 대접했을 뿐만 아니라 전통 가루를 이마에 붙여 주며 안전까지 빌어 주었습니다.

그의 공덕은 몇 해 후 한국에서 다른 네팔 사람들에게 전해졌습니다. 집 앞 가게에서 우연히 네팔 노동자들을 만난 한비야는 집으로 초대하여 그들이 좋아하는 계란 프라이를 한 판이나 부쳐 주었습니다. 그리고 네팔 노동자들이 한 달에 두 번 쉴 때마다 계란 프라이 한 판과 공중목욕탕 사용료를 제공했고 명절에도 극진하게 대접해 주었다고 합니다.

우리는 예부터 네팔 못지않은 친절과 정성을 베푸는 민족이었습니다. 무전여행이 가능했을 정도로 낯선 사람을 극진히 대접할 줄 아는 문화를 갖고 있었지만, 지금은 그 넘치던 정을 다 잃어버렸습니다.

고산병으로 괴로워하는 외국인을 극진히 보살폈던 네팔 사람의 이야기를 들으며 희망을 품어 봅니다. 그리고 그를 기억하며 네팔 노동자들에게 친절을 베풀었던 한비야 같은 사람들을 만날 때면 '세상은 살 만한 곳'이라는 위로와 힘을 얻게 됩니다.

역 공리주의, 살 만한 사람들이 조금씩 불편해지자

오늘 우리가 사는 세상에서는 대부분의 사람들이 자기 이익을 추구합니다. 자연히 공공의 선은 등한시하게 됩니다. 이 양상이 심화되면 환경이 파괴되고 자원이 고갈됩니다. 이런 사회는 오래 지속되지 못할뿐더러 소수의 기득권자에게 부가 집중되지요. 우리 사회도 '많이 소유하고 원 없이 소비하는 것이 곧 행복'이라는 가치관에 물들어 있습니다. 누구 할 것 없이 피라미드의 꼭대기를 향해 달려가고 있습니다. 이런 사회에서는 돈 없고 힘없는 사람들이 밑바닥에 깔려 신음하는 것이 불가피합니다.

시골 의사로 유명한 박경철 원장의 병원을 찾는 사람들은 대개 밑바닥에 있는 이들인데, 그중에서도 영규 씨의 삶은 우리 사회의 잔인한 시스템을 적나라하게 보여 줍니다.

중국집에서 배달 일을 하는 영규 씨에게는 지능이 모자라는 노모와 3급 장애인 아내가 있고, 선천성 심장병이 발병한 아들이 있습니다. 그나마 세 살배기 아들은 병원 식구들의 도움으로 대학병원에서 무료로 수술을 받고 완쾌되었습니다. 문제는 심각한 간경화를 앓고 있던 영규 씨였습니다. 그는 밤 10시까지 중국집 배달을 하면서 70만 원을 받았고, 집에 가서 잠시 눈을 붙인 후에 우유 대리점에 가서 우유 분류 작업을 하며 30만 원을 받았습니다. 월 100만 원을 벌기 위해 하루 4시간밖에 자지 못하며 간이 딱딱하게 굳어졌지만 가족들의 생계가 걸려 있어서 일을 그만둘 수가 없었습니다. 박 원장이 딱한 사정을 알고 무료로 치료를 받을 수 있게 해 줬는데도 영규 씨는 일을 그만두라는 말이 듣기 싫어서 병원에 오지 않았다고 합니다.

간경화 환자에게 과로는 매일 독약을 마시는 것과 같기에 박 원장은 일을 쉬어야 한다고 거듭 경고했습니다. 그러나 아내가 아파트 계단 청소를 해서 벌어오는 40만 원으로는 끼니도 챙길 수 없기에 영규 씨는 자기 몸을 죽음으로 내몰 수밖에 없었습니다. 매일 중노동을 감내하며 하루하루를 연명하는 사람에게는 죽을지도 모른다는 경고쯤은 신경 쓸 여유가 없을지도 모릅니다. 월 140만 원의 수입에 감사하며 조금씩 돈을 모으기도 했던 영규 씨는 얼마 후 간경화로 식도정맥류가 발생하여 수술을 해도 회생 가능성이 없는 상태로까지 악화되고 말았습니다.

박 원장은 수술비가 없는 환자에게는 치료비를 면제해 주기도 하고 종합병원의 인맥을 총동원하여 무료 수술을 받게 하기도 합니다. 그의 이러한 삶의 철학을 '역 공리주의'라고 말할 수 있겠습니다. 그는 '더 살 만한 사람들이 조금 더 불편해져서 더 불행한 이들의 고통을 덜어 주자'는 철학을 실천하고 있습니다. 역 공리주의의 실천은 타인의 고통에 대한 애끓는 마음이 있을 때 가능합니다.

고미숙은 '수유너머'라는 새로운 연구 공동체를 시작한 사람입니다. '수유너머'는 대학(원)을 졸업한 후 지적 호기심과 열정은 넘치지만 마땅한 직업을 얻지 못한 젊은이들이 함께 공부하고 강좌를 열고 책을 내는 자생적 공동체입니다. 고미숙의 '더치페이'에 대한 비판은 귀 기울여 들을 만합니다.

그녀가 미국에서 경험했던 일입니다. 고미숙은 자신을 초대했던 사람이 값비싼 음식을 시켜서 거나하게 먹은 후에 푼돈까지 나누어 분배했던 더치페이의 경험을 '더티페이'로 기억합니다. 그녀는 서로에게 부의 차이가 있는데 왜 똑같이 내야 하느냐고 반문합니다. 더치페이는 일견 공평해 보이지만 개인의 형편과 차이를 무시하는 냉혹한 평균주의이기도 하다는 것이지요. '수유너머'의 회원들은 경제 형편에 따라 각자가 정한 금액으로 회비를 낸다고 합니다. 그래서 회비가 몇 만 원에서 수십만 원까지 차이가 있는데, 그 방식으로 현재까지 잘 굴러가고 있습니다.

'수유너머'의 핵심 철학은 '비축적'과 '증여'입니다. 이 연구소에는 '교육 통화'라는 독특한 개념이 있습니다. 나는 상대에게 글쓰기 강좌를 무료로 듣고, 상대는 나에게 영어회화 강좌를 무료로 듣는 식으로 '교육'을 화폐화 하는 것입니다. 이들은 축적을 추구하지 않기 때문에 이익을 취하려 하지 않고 서로 필요한 사람들에게 증여를 합니다. 생각해 보면 이런 증여의 커뮤니티를 통해 친구를 맺는 것보다 더 좋은 노후대책이 없을 것 같습니다. 노년에는 삶과 마음을 나눌 수 있는 사람보다 더 소중한 것이 없지 않습니까. 함께 우정을 나눌 사람만 있다면 노년의 외로움이나 우울증은 너끈히 넘어설 수 있을 것입니다.

축적을 추구하지 않기에 '수유너머'는 부유하지도 가난하지도 않습니다. '돈을 벌면 벌수록, 쓰면 쓸수록 자신에 대한 존중감이 높아지고 삶이 풍요로워지는 사람들'을 꿈꾸며 그들은 배움과 증여를 통해 그렇게 살고 있습니다.

그들 공동체가 추구하는 가치는 성공과 경쟁에 찌들어 가는 사회에 신선한 충격을 던져 줍니다. 이들은 사회적 약자들을 절망과 자살로 내모는 현실을 돌파할 수 있는 길을 열어 줍니다. 돈이 없고 학벌이 좋지 않을지라도 젊음과 열정으로 연대하는 공동생활을 통해 자유와 만족을 얻는 삶이 가능하다는 것을 보여 주고 있습니다.

슬퍼하는 마음을 복원해야 하는 이유

저는 종종 의사에 대해 이런 의문이 들곤 했습니다. '사람의 살을 찢어 피가 튀게 하고 뼈를 자르고 힘줄을 끊어야 하는 의사는 그 힘한 작업들을 어떻게 감당할까?' 박경철 원장은 제 의문을 단 한 장면의 수술실 풍경으로 시원하게 해소해 주었습니다.

40대 여자가 교통사고로 응급실에 실려 왔는데, 횡격막이 터져서 엄청난 피가 가슴으로 역류되고 있었습니다. 곧바로 수술에 들어가 가슴을 절개하고 복막을 연 순간 폭포수 같은 피가 솟구쳤습니다. 그는 사람의 몸에서 흘러나온 뜨뜻한 피가 수술복을 적시고 속옷까지 스며들 때면 살아 있는 생명의 느낌이 전달되면서 마음이 차분해진다고 합니다. 그리고 어떻게든 환자를 살리겠다는 일념에 사로잡혀 뼈가 보이는 피바다 속에서 기꺼이 사투를 벌이게 된다고 합니다.

의사들에게 가장 중요한 것은 어떤 상황 속에서도 생명을 향한 경외심을 잃지 않는 것입니다. 그러나 그들도 인간인지라 무수히 많은 환자들의 불행과 죽음을 경험하는 동안 타인의 고통에 대한 공감 능력을 잃어 갑니다.

박경철 원장은 방금 숨을 거둔 환자를 뒤로하고 손을 씻으며 감정이 차가워지는 것을 느낄 때마다 자신에게 뜨거운 경외감을 일으켰던 아이들의 죽음을 떠올린다고 합니다. 아버지와 할머니하고 함께 살다가 할머니가 우유를 먹이고 잠시 집을 비운 사이에 질식사한 아이. 그 아이가 죽은 것을 알고도 병원으로 실어 왔던 119 소방대 아버지의 눈물. 추운 겨울날 길을 잃고 헤매다가 산 웅덩이에 빠져 죽은 뇌성마비 아이. 한쪽 발에만 신발을 신고 있던 아이의 발에 나머지 신발을 신겨 주면서 "차가운 물속에서 얼마나 추웠겠느냐"며 오열하던 아버지. 아무리 죽음에 둔감해져도 천진난만한 아이들의 죽음 앞에서만은 생명에 대한 경외의 감정이 되살아난다고 합니다. 그는 그 경외감을 잃지 않기 위해서 글을 쓰고 과거의 기억을 되새깁니다. 그런 작업을 통해서 아픔과 슬픔을 복원해 내는 것입니다.

오늘날 가장 시급히 아파하는 마음을 회복해야 할 곳은 학교와 가정일 것입니다. 점점 무거워지고 있는 학습량으로 아이들이 소리 없이 죽어 가고 있습니다. 공부를 강요했던 아버지가 미워서 집에 불을 지르는 아이들, 지옥 같은 세상을 미련 없이 저버리는 아이들…. 아이들이 이렇게는 살 수 없다고 비명을 지르고 있는데, 우리 사회는 그들의 아픔에 눈길을 주지 않습니다. 아예 눈을 질끈 감고 외면하고 있습니다. 이렇게 슬픔을 잃어버린 것은 생명에 대한 경외심을 잃어버렸기 때문일 것입니다. 우리 속에서 슬퍼하는 마음이 사라진 것은 생명이 빠져나간 것과 다르지 않은 것입니다.

아이들이 대여섯 살이었을 때의 모습을 한번 상상해 보십시오. 절로 환한 미소가 지어지지 않습니까. 얼마나 사랑스럽고 빛나는 아이들이었습니까. 지금의 십대에게는 그 환했던 모습이 뿌리째 뽑혀 있는 듯합니다. 푸르고 아름답고 빛나던 아이들이 십대의 가슴속에서 숨죽여 울고 있습니다. 시커멓게 타 버린 가슴속에서 질식하고 있는 그들을 다시 살려 내야 합니다.

박경철 원장은 어린아이의 죽음을 통해서 생명에 대한 경외감을 회복했습니다. 우리도 아이들의 가슴속에서 울고 있는 어린아이의 아픔을 느낄 수 있다면 그들에 대한 경외를 회복할 수 있을 것입니다. 경외감이 회복되면 아이들의 암담한 현실에 공감하고, 아이와 함께 아파할 수 있게 됩니다. 사랑의 관계는 그곳에서 새로이 시작될 것입니다.

가장 슬픈 것은 노예로 사는 것입니다

　연세대 사회발전연구소에서 각국의 초중고 학생들을 대상으로 '당신은 삶에 만족하는가'라는 설문조사를 했습니다. 가장 만족도가 높았던 나라는 네덜란드(94.2퍼센트)와 핀란드(91.6퍼센트)였습니다.

　우리나라는 46.1퍼센트가 '그렇지 않다'고 대답했습니다. 우리나라 학생들의 삶의 만족도는 경제협력개발기구OECD 회원국 중 최하위였습니다. 우리나라 초중고생의 자살자 수는 2004년 101명에서 2009년 202명으로 5년 만에 두 배로 증가했습니다.

　이 통계는 우리 학생들이 행복하지 않고 삶의 의욕도 부족하다는 것을 보여 줍니다. 그리고 그 주범이 공부라는 것은 누구나 다 압니다. 그러나 배움은 본래 지겹고 힘들기만 한 것이 아닙니다. 사실 배우고 깨달아 가는 기쁨만큼 큰 기쁨도 없습니다. 고미숙은 『호모 쿵푸스』에서 공부의 즐거움을 이렇게 말합니다.

> 한번 생각해 보라. 우리네 삶에서 매일 하고, 평생을 해도 변함없이 삶을 풍요롭게 해 줄 수 있는 것이 공부 말고 달리 무엇이 있는지를. 연애가 좋다지만, 무상하기 이를 데 없다. … 하지만, 공부는 그렇지 않다. 날마다 해도, 평생 해도 행복하고, 또 행복하다.

고백하자면, 제 경우도 '좀' 그렇습니다. 저는 글을 쓰기 전에는 국가대표 축구 경기뿐 아니라 야구 플레이오프 등 스포츠 중계를 빠지지 않고 보는 스포츠광이었습니다. 그런데 어느 순간부터 대표팀 경기를 보는 일이 시들해졌습니다. 책을 읽고 글을 쓰는 게 더 재미있어졌기 때문입니다. 몇 년 전엔 올림픽 야구 결승전(한일전)을 함께 보고 싶어 하던 아들을 남겨 두고 도서관으로 향해서 가족들에게 비난을 받기도 했습니다. 그러나 어쩌란 말입니까. 독서와 글쓰기를 통한 배움의 즐거움을 스포츠 관람으로 잃어버리는 것이 너무도 아까운 것을.

그런데 대학 진학률이 80퍼센트가 넘는 우리나라는 대부분의 학생들이 초중고에서 대학까지 16년을 공부하는 동안 배움의 즐거움을 알지 못한 채 오직 견디고 있습니다. 너무도 가혹합니다.

공부도 첫 기억이 중요합니다

교육 전문가들은 한결같이 아이들은 본래 공부를 싫어하지 않는다고 말합니다. 사실 아이들의 호기심과 도전의식은 어른과 비교할 수 없을 정도로 높습니다. 아이들은 못하던 것을 하기 원하고, 모르던 것을 알기 원하는 본성을 타고난 존재들입니다. 다만 공부를 강요하는 분위기가 싫은 것이고, 부정적으로 평가받는 것이 싫은 것이지요.

공부의 맛을 알기 위해서는 '만만하게 느껴지는 도전'이 중요하다고 합니다. 아이들은 기본적으로 흉내 내기를 통해 배웁니다. 그러므로 부모나 교사는 아이들에게 충분히 모방할 기회를 주어야 합니다. 그러나 조급증에 걸린 부모는 그런 기회를 주지 못합니다. 자기가 생각하는 기준을 일방적으로 제시하거나 완벽한 시범으로 아이의 기를 죽이는 부모. 아이들이 자신의 계획대로 따라오지 못하면 서슴없이 부정적인 평가를 돌려주는 부모. 전반적으로 잘한 것에 대해서는 원래 할 수 있는 것이었다고 넘어가고, 조금 부족한 부분에 대해서는 집요하게 지적하는 부모. 어떤가요? 저와 여러분의 모습 아닌가요? 아이들은 이런 부모들을 통해서 공부의 괴로움을 배울 것입니다.

공부는 '첫 기억'이 중요하다고 합니다. 공부를 시작한 지 1~2년이 지나면 공부에 대한 관점을 바꾸기 어렵기 때문이지요. 공부의 첫 기억이 고역이었던 아이는 향후 16년을 고통 속에서 보내야 합니다.

지난 해 초등학교 1학년을 맡은 아내는 늦둥이를 낳은 사람처럼 연일 아이들이 사랑스럽다고 노래를 했습니다. 특히 여자아이들이 눈에 넣어도 아프지 않을 만큼 예쁘다고 했습니다. 그런데 예지라는 아이만은 늘 안쓰러워했습니다. 예지는 밤늦게까지 학원 순례를 하는 것도 모자라서 새벽에 일어나 1시간씩 수학 문제집을 풀고 학교에 왔습니다. 얼마나 힘들었는지 아내에게 피아노만이라도 쉬고 싶다고 하소연을 할 정도였습니다. 저학년 때부터 혹사당하던 아이들이 고학년이 되면 어떻게 변하는지 누구보다 잘 알고 있던 아내는 조심스럽게 예지 어머니와 대화를 시도했습니다.

"저는 예지처럼 힘들게 공부하다가 5, 6학년이 되면 엄마에게 복수를 꿈꾸는 아이를 자주 봐 왔어요. 예지가 그렇게 되진 않겠지만, 너무 힘들어하니까 피아노 학원이라도 줄여 주시는 게 좋을 거 같아요."

그러자 예지 어머니는 펄쩍 뛰었다고 합니다.

"아니에요, 선생님. 피아노 학원도 예지가 좋다고 해서 다니는 거예요."

예지 어머니는 딸을 피아노 학원에 계속 다니게 했습니다. 그러나 '다 너를 위해서'라는 부모의 강요는 길어야 3, 4학년까지만 통합니다. 속으로 곪다가 몇 년 뒤 관계가 돌이킬 수 없을 정도로 파탄 나는 가정이 부지기수입니다.

위태위태하게 1학년의 다리를 건너던 예지는 찬바람이 불던 10월에 사고를 쳤습니다. 영어 학원에 함께 다니던 한 살 어린 여자애를 화장실로 데리고 가서 꼬집고 때린 것입니다. 때린 이유가 더 놀라웠는데 재수가 없어서였다고 합니다. 학원 강행군에 지칠 대로 지쳤던 마음이 파괴적으로 터져 나온 것이었겠지요.

학교로 불려온 예지 어머니는 예지가 후배를 따로 불러서 때린 것은 자신이 딸을 혼내던 방식이었다고 고백했습니다. 어린 자녀를 강제로 경쟁의 전쟁터로 내모는 것은 폭력을 행하는 것과 다르지 않습니다. 예지처럼 자신이 이해하지도 못하는 경쟁에 내몰린 아이들은 타인에 대한 적대감부터 습득하게 됩니다.

주체를 잃은 아이는 노예가 됩니다

국제학술연구회의 연구 결과에 따르면 우리나라 만 15세 학생들이 경제협력개발기구 34개 회원국 가운데 읽기 1~2위, 수학 1~2위, 과학 2~4위를 차지했다고 합니다. 그런데 읽기 학습에 대한 흥미도가 낮았고, 혼자 읽고 공부하는 능력이 평균보다 떨어졌습니다. 자기학습 관리능력은 최하위권이었는데, 이는 남의 가르침 없이 스스로 공부하는 능력이 현저히 떨어지기 때문입니다. 이 결과는 자기 주체성을 잃어버린 채 타율적인 공부를 하고 있는 우리나라 학생들의 현주소를 여실히 보여 줍니다.

스웨덴의 교육은 우리와 크게 다릅니다. 스웨덴의 국토 면적은 한반도의 두 배 반 정도이고 인구는 940만 명입니다(2009년 기준). 땅이 넓고 사람이 귀한 스웨덴 사람들은 '스스로' 생활하는 문화가 몸에 배어 있습니다. 쇼핑몰에서 손님이 직접 바코드 스캐너를 사용해 물건 값을 계산할 정도라고 합니다.

스웨덴 교육의 오랜 틀도 '스스로'입니다. 자기주체적 교육철학을 갖고 있는 스웨덴 학교에는 등수가 없습니다. 스웨덴 사람은 이런 상식 아래서 생활한다고 합니다.

"아이들은 모두가 보석이다. 그런데 순위는 그 사실을 가린다. 경쟁은 기업에게 약이지만, 아이에겐 독이다. 아이들은 저마다 다를 뿐이다. 아이들의 소질과 잠재력에는 1등, 2등이 없다."

그에 비해 우리나라의 교육은 '스스로'의 힘을 지속적으로 잃어버리게 만드는 교육이라고 말할 수 있습니다. 자기 주체성을 잃은 아이들은 어떤 어른이 될까요? 최악의 경우를 보여 주는 사건이 지난 해 강남에서 일어났습니다.

한 청년이 밤새도록 게임을 하고 나서 아침에 칼을 들고 나가 지나가던 행인을 찔러 살해했습니다. 그 청년은 고교시절에 학교와 학원, 집밖에 모르며 공부만 했던 모범생이었습니다. 학급회장을 할 정도로 성격도 활달했다고 합니다. 그는 서울에 있는 대학 법대에 4년 장학생으로 합격했지만 명문대에 진학하지 못했다는 사실에 괴로워하다 미국 유학을 떠났습니다. 그러나 유학 생활에 적응하지 못하고 국내로 돌아온 후부터 좌절감에 빠져 폐인이 되었다고 합니다. 그는 밤낮으로 게임에 빠져 살다가 어느 아침에 느닷없이 살인을 저지르고 말았습니다.

경쟁을 뚫고 소위 말하는 성공을 쟁취한 사람의 모습 또한 그리 행복해 보이지 않습니다. 한 젊은이는 부모의 시나리오대로 잘 따라서 명문대에 합격한 후 사법기관에 취직을 했습니다. 그러나 20여 년간 부모가 시키는 대로만 살아왔기에 상사나 동료와 갈등이 생길 때 이를 해결할 능력이 없었습니다. 그러자 그의 어머니가 자식의 상사를 찾아가 손을 꼭 잡고서 우리 아들을 도와달라고 간곡하게 청했다고 합니다. 실로 충격적인 장면입니다.

서른이 다 된 엘리트 청년이 정신은 미성년자의 상태에 머물러 있는 것입니다.

이 두 청년의 삶은 스스로 행복과 자유를 선택하지 못했다는 점에서 노예의 삶과 다르지 않을지도 모릅니다. 한쪽은 게임에 중독되어 자아를 잃어버렸고 한쪽은 '강자(어머니)와의 동일시'로 자아를 가둬 버렸으니까요.

공부 감옥 속 닫힌 관계 속에서 살고 있는 아이들의 마음의 방은 노예의 방처럼 남루하고 비좁을 것입니다. 그 방으로는 타인의 고통과 슬픔이 들어올 공간이 부족할 수밖에 없습니다. 두 청년에게서 본 것처럼 정신적 노예의 삶은 실패해도 비참하고, 성공해도 비참합니다.

공부를 잡으면 행복해집니다

자기 주체성을 가진 자유인으로 살아가려면 어떻게 해야 할까요? 영적 스승들은 오고 가는 관계 속에서 번뇌를 잘 만나 주는 게 중요하다고 말합니다. 물론 TV나 휴대전화 속에서가 아니라 살아 있는 관계 속에서 만나야 합니다. 그 펄떡이는 희로애락과 만나는 만큼 뇌에서 공간이 열리는 것입니다.

『나부터 교육혁명』에는 강수돌이 자연과의 관계 속에서 풍요로운 자아를 가꾸며 사는 당시의 모습이 잘 나타나 있습니다.

강수돌은 대학교수이고 그의 아내는 초등학교 교사였습니다. 그들은 문명의 이기를 누리며 편하게 살 수 있는데도 시골 오지로 들어가서 불편한 삶을 살았습니다. 출퇴근 하느라 하루에 몇 시간씩 허비하면서도 그들은 큰 만족감 속에서 시골 생활을 즐겼습니다. 강수돌은 "사계절을 느끼며 사는 즐거움이 남들이 시샘할까 봐 염려될 정도로 행복하다"고 말합니다.

시골 생활을 즐기던 사람들 중에도 자녀 교육이라는 벽에 부딪히면 중학교부터 다시 도시로 나가는 경우가 많습니다. 그러나 강수돌은 '일류대 강박증'과 '조급증'을 버리면 아이들뿐만 아니라 부모까지 입시 지옥에서 벗어날 수 있다고 말합니다. 실제로 그의 아들은 친구들과 축구도 자주 하면서 등수에 크게 신경 쓰지 않고 학교에 다녔다고 합니다. 학원에는 아예 다니지 않으며 일주일에 두 번 영어회화 수업만 받았습니다. 초등학생인 딸과 막내아들은 학교가 끝나면 무용 학원과 피아노 학원, 태권도 학원을 즐겁게 다녔습니다. 모두 스스로 원하는 공부만 했던 것입니다.

세 아이는 마당의 강아지와 닭, 뒷산의 청솔모와 노루, 까치, 딱따구리와 친구처럼 지냈습니다. 아이들은 아름다운 나무와 동물들 속에서 활기차게 사는 기쁨이 가장 컸다고 추억합니다. 자연의 한 부분임을 느끼는 삶보다 더 충족감을 얻을 수 있는 삶이 있을까요? 그들이 사는 모습을 그려 보면 뇌세포 속 공간 In the space이 얼마나 넓을지 충분히 짐작이 됩니다.

한비야는 어렸을 때부터 아버지 손에 이끌려 산을 즐겨 다녔습니다. 하도 산을 잘 타서 날다람쥐라고 불리며 뭇 어른들의 귀여움을 독차지했다고 합니다. 그 이후 산은 그녀에게 평생 친구요 애인 같은 존재가 됩니다. 한비야는 오지에서 구호 활동을 하고 돌아오자마자 산을 찾습니다. 북한산에 올라 대여섯 시간을 땀을 흘린 후에 목욕을 하고 한숨 푹 자고 나면 피로가 더 잘 풀린다고 합니다.

그녀는 잠도 제대로 못 자고 추위와 더위에 시달리며 구호활동을 감당할 수 있었던 건 산에서 얻은 힘과 지혜 덕분이었다고 고백합니다. 산에 오르면 가슴속에 쌓여 있던 묵은 감정들이 깨끗하게 씻겨 나가고, 복잡하게 헝클어져 있던 문제들도 술술 풀린다고 합니다.

이들의 삶에서 보듯이 자연이, 타자가, 인생이 전부 공부의 터전입니다. 공부 안에 갇히면 노예가 되지만 오고가는 관계 속에서 진짜 공부의 맛을 알게 되면 자유인이 됩니다.

지금, 여기에서 아이의 공간을 키워 주는 일을 찾아보십시오. 아이와 눈을 맞추고 이야기를 들어주는 일, 집에 돌아온 아이를 따뜻이 안아 주는 일, 지금 이 순간 너와 내가 사랑하는 일이 가장 소중하다는 메시지가 집안에 출렁이게 하는 일… 찾아보면 할 수 있는 일이 참 많습니다.

가난한 마음으로 가족 세우기
사람을 변화시키려 하지 말고
상황을 변화시켜 주기

　큰일이다. 나 스스로를 공부의 '귀감'으로 떠들고 있으니 이를 어떻게 수습한단 말인가. 특히 나를 속속들이 알고 있는 가족들이 이 글을 읽는다면 그들이 치게 될 '코웃음'이 벌써 천둥 소리처럼 들려온다. 그렇다. 공부하는 거, 재미있다. 글 쓰고 책을 쓰는 건 힘들기도 하지만 좋은 글을 완성했을 때는 그야말로 짜릿하다. 하지만 나는 결정적으로 공부한 대로 실천에 옮기는 것을 제대로 하지 못한다. 내가 '가난한 마음'을 이렇게 노래하고 있는 건 그것이 내 상처이기 때문인지도 모른다. 내 아킬레스건이기 때문에 죽자 살자 되뇌고 있는 건지도 모른다. 나는 이제 가난한 마음 실패담을 고백해 보고자 한다.
　딸아이는 중학교에 입학하면서 학원에 다니기 시작했다. 오빠

만큼 뛰어난 두뇌를 타고나지 않았지만 세상 누구보다 많은 사랑을 지니고 태어났기에 가족의 사랑을 독차지하는 아이다. 우리 부부는 석 달쯤 지났을 때 딸아이에게 학원을 그만두고 이른바 '자기주도학습'을 하지 않겠느냐고 권유했다. 딸아이는 반색을 하며 환호했다. 학교를 파한 후 학원에 가서 강의를 듣는 내내 하나도 머릿속으로 들어오지 않았다고, 비로소 편안한 마음으로 자백했다. 딸은 그 후 흔쾌히 인터넷 강의를 등록하고 집에서 스스로 학습을 해 나갔다.

 1학기 기말고사까지는 아내가 사회 등 어려워하는 과목을 요약 정리해 준 덕분에 85점의 성적을 유지했다. 그러나 그것은 자기주도학습이 아니었기에 2학기부터는 요약 정리 없이 스스로의 힘만으로 준비하기로 했다. 2학기 중간고사 성적도 비슷하게 나왔을 때 우리 부부는 '자기주도'를 체득한 딸에게 고마움과 대견함을 느꼈다.

 그런데 딸아이는 마지막 관문인 2학기 기말고사에서 주춤했다. 한 해 동안 쉼 없이 달려온 중학교 생활에 지칠 대로 지친 것일까. 아내도 지쳤는지 이번엔 시험공부 계획조차도 세워 주지 않은 채 딸에게 전적으로 맡겨 버렸다. 내가 나서야 할 때라고 판단했다. 그래서 딸아이에게 "앞으로 열흘 동안 네가 공부하다 잠들 때까지 기다려 주겠다"고 덜컥 약속을 해 버렸다.

 타고난 저질 체력인 나에게 그 일은 결코 쉽지 않았다. 딸아이는 뭔가를 먹거나 남이 먹는 걸 참견하거나 조잘조잘 이야기를 건네면서 책을 잡기까지 끊임없이 딴짓을 했다. 그렇게 시작한 공부도 30분을 채우지 못하는 경우가 많았다. 그러니 공부할 양이 자꾸 뒤로 미뤄졌고 절반을 채우기도 전에 새벽 1, 2시가 되곤 했다. 그렇게 딸과 함께 자기를 일주일째. 저질 체력에게 고비가 찾아왔다. 그날은 첫 시험을 앞둔 일요일이었다. 다음 날 체육 시험을 보는 터라 "아빠가 체육 공부를 확실하게 시켜 주겠다"는 약속까지 턱 해 버린 날이었다. 그날 밤에는 어머니를 뵈러 안양까지 다녀와서 피곤이 더해져 잠이 한없이 몰려왔다. 딸이 사회 공부가 끝나지 않았다며 1시간 뒤에 체육 공부를 하겠노라고 말한 시각이 12시 30분이었다. 난 그 말을 듣고 바로 곯아떨어졌다.

딸아이가 나를 깨운 시각은 새벽 1시 반이었다. 가까스로 일어난 나는 게슴츠레한 눈으로 딸에게 중요한 문제를 물어보고 대답을 못 하는 부분에 체크를 해 나갔다. 딸이 제대로 대답을 못 할 때 짜증을 두어 번 냈던 것 같다. 새벽 3시가 다 돼서 겨우 끝냈을 때 딸이 말했다.

"아빠, 지금부터 미술 공부해야 되거든. 안 잔다고 약속했으니까, 자지 말고 기다려야 돼!"

내가 비몽사몽인 얼굴로 혀를 꼬부라뜨리며 말했다.

"야, 미술은 중요한 과목 아니니까 그만하고 자. 다섯 시간은 자야 시험문제도 제대로 보이는 거야."

그러고 나서 몽롱한 눈꺼풀을 내려 닫은 것 같고, 딸아이의 울음소리를 들은 것 같고, 아내가 잔소리하는 소리를 들은 것 같다. 여하튼 그런 건 내 알 바가 아니었다. 나는 잠에게 지고 말았으니까.

다음 날 피곤이 가시지 않은 몸을 일으켜 세워 보니 식구들의 눈빛이 싸늘해져 있었다. 아내가 아침부터 밥상머리에서 잔소리를 늘어놓았다. 전날 어머니를 뵙고 오다가 도서관에 들러 글을 쓰고 온 것 때문에 더 화가 나 있었다.

딸아이는 눈도 안 마주쳤고, 아들의 표정에서도 그깟 잠에 져서 동생하고 한 약속도 지키지 않는 아버지에 대한 실망감이 역력하게 드러났다. 하긴 가족들이 실망할 만도 했다. 어떤 고난과 위험이 닥쳐오더라도 모든 걸 감수하면서 가족을 지켜내야 하는 존재가 아버지 아니던가.

내가 품었던 뜻은 나름 가상한 것이었다. 딸아이가 공부하는 동안 함께 있어 주기로 했던 건 이런 생각을 갖고 있었기 때문이다. '사람을 변화시키려 하면 실패한다. 상황과 조건을 변화시켜 주면 사람은 자연히 변한다.' 시험공부라는 건 누구에게나 힘들고 고통스러운 일 아닌가. 나는 딸아이에게 홀로 고통을 지는 상황이 아니라 아버지가 함께 짐을 져 주는 상황을 제공해 주고 싶었다. 그러나 결정적인 시간에 실패하고 말았다. 나를 위한 시간, 내가 글을 써야 할 시간을 내려놓지 못한 것이 빌미가 되었던 것이다. 딸은 자기 할 일을 다 하고 온 아버지가 서운하고 미워서 새벽까지 기다리라고 심통을 부렸던 건지도 모른다.

결국 딸아이는 첫날 시험을 망쳤다. 아이는 저녁에 나를 보고는 진담 반 농담 반으로 말했다.

"내가 시험 못 본 건 다 아빠 때문이야!"

"야! 체육은 아빠 때문이라고 쳐도, 사회는 왜?"

"몰라! 사회도 아빠 때문에 못 본 거란 말이야."

아내도 딸이 낙담할까 봐 적극적으로 딸의 편을 들었다. 그날 밤엔 나도 정신을 바짝 차리고 딸이 잘 때까지 기다려 주었다. 그 덕분이었는지 다음 날 시험은 평소대로 점수가 나왔다. 마지막 날 시험은 국어와 음악. 딸이 자신 있어 하는 과목이었다. 그날은 젖 먹던 힘까지 내서 딸을 도와주었다.

다음 날 집에 도착한 딸이 신이 나서 외쳤다.

"아빠, 나 음악 100점 맞았고, 국어 93점 맞았다!"

"우아, 우리 딸 정말 잘했어."

나와 딸은 손을 맞잡고 펄쩍펄쩍 뛰었다. 그러나 딸이 내민 국어 시험지가 또다시 나를 시험에 들게 했다. 객관식은 다 맞았는데, 서술형에서 한 문제는 확실히 틀렸고 두세 문제의 답도 부실해서 최저 85점으로 내려갈 수도 있는 상황이었다. 그 틀린 문제가 두고두고 나를 괴롭혔다.

"야! 여기 낱말을 쓰라고 나오잖아. 그런데 문장을 쓰면 어떻게 하니? 넌 항상 문제를 제대로 안 읽어서 탈이야."

5점에 대한 아쉬움이 나도 모르게 했던 말을 자꾸 또 하게 만들었다. 세 번째 똑같은 말을 듣고 나서 딸아이는 눈물을 흘리며 제 방으로 들어가더니 문을 잠가 버렸다. 나는 잘못을 깨닫고 쫓아가 방문을 두드리며 말했다.

"야, 잘했어. 잘한 거야. 그 정도면 진짜 잘한 건데, 아빠가 너무 아쉬워서 그랬어. 화 풀고 문 열어."

"싫어!"

꽁꽁 닫힌 딸의 방문은 통 열릴 생각을 하지 않았다. 아, 나는 얼마나 어리석고 한심한 아버지인가. 그 일을 겪으며 뼈아프게 깨달은 것이 있다. 아이에게 성적이라는 잣대를 들이대지 않기란 결코 쉽지 않은 일이라는 것이다. 그래서 나는 이런 시를 쓰면서 스스로 '가난한 마음'을 채찍질한다.

머리를 두드리다가 깨닫다

빗으로 머리를 두드리다가
딸이 큰 소리로 영어책을 읽으며 공부하는 소리를 듣다가
문득 저 딸에게도 죽음이 찾아오리라는 염려를 한다
이 앞에 있는 나의 죽음보다는
저 앞에 있는 딸의 죽음을 염려하다가
지금 이 순간의 사랑만 있는 거라고—
지겨운 기말고사 공부
저 스스로 하고 있는 딸을
(공부하는 데 발동이 걸리는 시간만 두 시간이 걸릴지라도)
그저 지켜봐 주고
(삼십 분 공부하고 다시 삼십 분 쉬고 또 삼십 분 놀더라도)
대견해하면서 기다려 주는 거
빗으로 머리를 두드리다가 탈모를 걱정하다가
딸에게도 죽음이 찾아오는 시간이 있을 거라는 생각을 하다가
그게 나 없이 그러리라는 염려를 하다가
죽음이 어느 곳 어느 모퉁이에서 기다리고 있든지
지금 이렇게 우리가 사랑하고 있는 것이 전부라는 거
이 순간의 사랑으로 충분하다는 거

3장
마음을 비우면 아이의 마음도 부드러워집니다

차갑고 메마른 가슴을 가진 아이들은 우리를 분노케 하고 좌절하게도 합니다. 그러나 분노로 맞대응하는 건 그들의 마음을 더 굳게 할 뿐입니다. 먼저 우리의 마음을 찬찬히 들여다보아야 합니다. 혹시 딱딱함과 냉랭함으로 가득 차 있지 않습니까?
마음을 비울 때, 성공하고 싶고 경쟁하고 싶은 마음을 내려놓을 때 비로소 따뜻하고 부드러울 수 있습니다. 부드러움으로 우리는 원하는 것을 얻을 수 있습니다.

온유한 사람은 뜻하는 것을 얻습니다

핀란드에서는 15개월 미만의 아이에게 텔레비전을 보여 주지 못하도록 법으로 금지하고 있습니다. 그 시기에 텔레비전을 보면 뇌세포 분열이 원활하게 일어나지 못하여 지능 발달을 막기 때문입니다. 뇌가 '바보상자'에 갇히면 호르몬의 일부만 분비되어 충분히 행복감을 느끼며 살 수 없게 된다고도 하니 실로 과학적 지혜가 돋보이는 법이라 하겠습니다.

스웨덴에서는 초등학교에 들어가기 전에 공동체 생활에 필요한 예의범절과 상대방에 대한 배려를 먼저 가르칩니다. 7살 전후가 예의와 배려를 배우기에 가장 적합한 시기이기 때문입니다.

이처럼 핀란드와 스웨덴 등 오늘날 사람들이 가장 살기 좋은 나라로 꼽는 북유럽의 나라들은 공감과 공동체성, 이 두 가지를 교육의 키워드로 삼고 있습니다.

차갑고 메마른 가슴의 아이들

러시아 출신의 한국학 박사 박노자는 러시아에 대해 이렇게 말합니다.

"1990년경 러시아는 무너진 사회주의 이상과 망가진 경제 때문에 젊은이들 중에서 누구도 기성세대를 존경하지 않았어요. 20년이 지난 지금 러시아는 아무 희망이 없는 사회가 되고 말았죠."

우리 사회 역시 빠르게 러시아의 뒤를 쫓아가고 있습니다. 아이들이 더 이상 어른을 존경하지 않는 사회가 된 것 같습니다. 그 근본에는 아이들에 대한 교육 문제가 자리 잡고 있습니다. 핀란드나 스웨덴과는 정반대의 길을 가고 있는 것입니다.

우리 사회에서는 지금 아이들의 발달단계에 역행하는 교육이 행해지고 있습니다. 앞에서도 얘기했듯이 우리는 아이를 왕처럼 고귀하게 대접해야 할 시기에 텔레비전과 컴퓨터로 아이의 정신을 오염시키고, 예의와 배려를 가르쳐야 할 시기에는 내 새끼 기 죽이기 싫어서 오냐오냐 하며 모든 것을 받아 줍니다. 그러다 정작 하나의 인격체로 존중해 줘야 할 시기에는 공부 감옥에 가둔 채 사육하다시피 합니다. 이런 '거꾸로' 교육으로 인해 주의력결핍장애ADD와 과잉행동장애ADHD를 겪는 아이들이 나날이 늘어가고 있습니다.

한 고등학교 교사가 언론에 공개한 휴대전화 사진들은 우리 교육의 현주소를 낱낱이 보여 줍니다. 모의고사 도중 교실에서 엎드려 자는 절반의 학생들, 하나의 번호로 내리 찍은 답안지, 학교에 불만을 표출하기 위해 학생들이 쓰러뜨린 화분과 쓰레기통들, 욕설 섞인 낙서들…. 그는 절망적인 목소리로 이렇게 말합니다.

"10년 전과 달리 요즘엔 점심시간과 쉬는 시간에 운동장에서 축구나 농구를 하는 아이들을 찾아볼 수 없어요. 또래 문화가 사라진 거죠. 학교는 서열화된 대학을 찾아가기 위해 서로 경쟁하는 학원이 됐어요. 아이들은 더 이상 대학 이후에 뭘 하고 싶은지 얘기하지 않아요. 꿈이 없기 때문이죠."

우리의 교육은 아이들에게 맞지 않는 옷처럼 교육 본연의 기능을 상실했다는 진단을 내려야 할 시점에 이르렀습니다. 학교는 더 이상 올바른 인격과 품성을 키워 나가는 일에 적합하지 않은 곳이 되어 버렸습니다.

학교가 교육 본연의 기능을 상실한 것은 애초부터 잘못된 옷을 입었기 때문일 것입니다. 일제시대에 시작된 우리나라의 근대 학교는 기본적으로 일본의 군대를 모방한 체제였습니다. 일제가 학교 조직을 가장 쉽게 관리하는 방법으로 군대 방식을 도입한 것입니다. 그렇게 정착된 학교 체제는 해방 이후에도 강압적인 권위와 엄격한 처벌로 강제하는 방식에서 벗어나지 못했습니다. 수 세대가 바뀐 오늘의 학생들에게 병영식 학교 문화는 궁합이 맞지 않는 짝임에 틀림없습니다.

그러나 도시화와 집중화로 거대해진 학교 조직은 강제적 방식의 틀에서 벗어날 묘수를 찾지 못하고 있습니다. 무릇 교육은 민주적이고 자발적인 분위기에서 이루어져야 합니다. 전교생이 1천 명이 넘는 학교와 한 반에 30명이 넘는 학급은 그것을 원천적으로 불가능하게 만듭니다. 거대 조직의 일부가 되어 문제풀이 능력이라는 개별적 생산품을 만들어 내야 하는 학생들에게 공동체 심성이 깃들기를 바란다는 것은 아기에게 업어 달라는 것과 같습니다.

억압은 폭력적 심성을 키웁니다

아이들이 더 절망을 느끼는 것은 군대를 방불케 하는 학교를 벗어난 이후의 전망 또한 그리 밝지 않다는 데 있을 것입니다. 주지하다시피 우리나라의 기업 문화 역시 상명하달식 군대 문화를 벗어나지 못하고 있습니다. 이는 학교나 군대와는 또 다른 차원의 문제입니다. 학교는 졸업이 있고 군대는 제대가 있지만, 밥벌이를 위한 회사는 힘이 다하는 날까지 다녀야 할 곳입니다. 정년까지 군인처럼 명령에 절대복종해야 하는 삶은 인간다운 삶일 수 없습니다. 게다가 이 비인간적인 문화에 적응하지 못한 사람에게 남은 선택은 해고라는 낭떠러지밖에 없습니다. 얼마 전 모 대기업의 기숙사에서 뛰어내린 한 청년의 죽음은 기업 문화의 현주소를 아프게 보여 주고 있습니다.

그 청년은 2년제 대학을 졸업했지만 대기업 두 곳에 취직이 될 만큼 모범적이고 성실했습니다. 청년은 국내 제일의 회사를 주저 없이 선택했는데, 그때까지만 해도 자신이 극단적인 선택을 하게 될 줄은 꿈에도 몰랐을 것입니다.

천안에 있는 S전자 LCD 탕정공장으로 발령을 받은 그는 방진복을 입고 화학 약품을 취급하는 일을 맡았습니다. 근로 계약서의 계약 조건보다 몇 시간이나 더 많이 화학 약품 속에서 근무하던 그는 몇 달 뒤 발과 손에 피부염이 생겼습니다. 피부염은 팔과 다리에서 진물이 나고 피부가 벗겨질 정도로 심해졌습니다. 피부병 때문에 담당 부장과 면담을 하고 관리 부서로 자리를 옮겼지만, 그곳 또한 밥도 제때 먹지 못할 정도로 일이 많기는 마찬가지였습니다. 건장했던 청년은 피부병이 점점 심해져 병가를 내야만 했습니다. 게다가 우울증 판정까지 받았습니다. 의사가 5개월 동안 치료해야 한다고 했지만 그는 2개월 만에 천안의 공장 기숙사로 돌아가야만 했습니다. 상담을 받으며 높은 곳에서 뛰어내리고 싶다, 모든 걸 놔 버리고 싶다고 말했던 청년은 가족들에게 죄송하다는 문자를 남기고 기숙사 건물에서 뛰어내렸습니다.

그의 어머니는 아들이 피부병을 얻어 집에 왔을 때 아들에게 한 말을 뼈아프게 후회합니다. 가족이 있는 인천으로 돌아와 작은 회사에 다니면서 어머니 옆에 있고 싶다는 아들에게 "그래도 일등기업인데 참아 보자. 그래야 이기는 거다"라고 말했다고 합니다.

현재 반도체 공장을 비롯한 그 기업의 공장 곳곳에서는 잔인한 근무 여건으로 인한 자살이 끊이지 않고 있습니다. 그들은 자살 사건이 터질 때마다 협박과 회유로 합의를 강제하면서 끝내 산업재해를 인정하지 않고 있습니다. 직원의 생명보다 회사의 이윤이 더 중요하다는 기업 가치가 지배하는 곳이 아니고는 있을 수 없는 일입니다. 이 기업의 경영 방식은 군대식 경영보다 더 무섭습니다. 군대에게 있어서 군인은 전시에 국가방위를 책임질 자원이기에 비전시 상황에서는 신병의 안전을 최우선으로 합니다. 그러나 S전자의 경영 방식은 직원의 안전과 생명보다 세계 시장에서의 경쟁력이 더 중요했습니다.

어떻게 보면 사람과 조직을 가장 쉽게 관리하는 방법은 권위와 엄정한 처벌로 강제하는 것일지도 모릅니다. 그러나 엠마우스 운동의 피에르 신부는 그런 방법이 위험할 뿐 아니라 오히려 역효과를 낳는다고 말합니다.

1차 세계대전이 끝난 후, 승전국 프랑스는 '베르사유 조약'을 맺어 패전국 독일에게 엄청난 금액의 전쟁 보상금을 요구했습니다. 당시 프랑스에서는 루이 마랭이라는 정치가만이 그 조약에 반대하면서 이렇게 경고했다고 합니다.

"프랑스가 체결한 너무 엄격하고 강경한 조약 때문에 독일 민족은 10년 안에 독재 체제로 빠지게 될 것이다."

그의 예언대로 독일은 얼마 뒤 히틀러의 일당 독재 체제가 되었습니다. 히틀러는 홀로코스트 학살과 2차 대전 등으로 5천만의 목숨을 살상했습니다. 가혹한 전쟁 보상금 때문에 착취와 굶주림을 면할 수 없었던 독일 민족은 강한 나라를 만들겠다는 히틀러의 선동에 현혹될 수밖에 없었습니다.

피에르 신부는 누군가 우리에게 잘못을 했을 때는 항상 이렇게 자문해 보아야 한다고 말합니다. '내게도 어느 정도 책임이

있지 않을까?'

지금 우리 사회는 학생이 선생을 때렸다는 기사와 자식이 부모를 폭행했다는 사건, 사고가 무섭게 증가하고 있습니다. 욕설과 폭력으로 대항하는 아이들에게 분노로 맞대응하기 전에 먼저 자문해야 합니다. '어른들이 먼저 잘못한 것이 있지 않은가?', '어른들에게도 책임이 있지 않은가?' 이런 태도가 상대의 변화를 이끌어 냅니다. 자신을 살핀 사람은 더 이상 상대를 강제로 변화시키려 하지 않습니다. 알을 품은 새의 가슴처럼 따뜻하고 부드러운 마음을 건넴으로써 마음의 빗장을 엽니다. 이것이 온유한 마음입니다.

소매치기에게도 예의를 지키는 마음

장일순은 『좁쌀 한 알』에서 온유한 사람의 모습을 보여 줍니다. 어느 날, 한 시골 아주머니가 장일순을 찾아왔습니다. 아주머니는 원주 기차역에서 소매치기를 당했다며 돈을 찾아 달라고 하소연을 했습니다. 장일순은 아주머니를 돌려보내고 원주역으로 갔습니다. 그는 먼저 역 앞 노점에서 술을 시켜 놓고 앉아 노점상인들과 이야기를 주고받으며 친밀감을 쌓았습니다. 그렇게 며칠을 상인들과 보내면서 원주역에서 활동하는 소매치기들을 모두 알 수 있었고, 시골 아주머니의 돈을 훔친 사람도 찾아낼 수 있었습니다. 장일순은 그 소매치기를 달래서 남아 있는 돈을 받아 냈습니다. 그리고 거기에 자기 돈을 보태서 아주머니에게 돌려줬습니다. 그 후에도 그는 원주역으로 가서 그 소매치기에게 밥과 술을 사곤 했습니다. 그리고 소매치기를 하지 말라는 말 대신 이렇게 말했습니다.

"미안하네. 내가 자네 영업을 방해했어. 이건 내가 그 일에 대해 사과를 하는 밥과 술이네. 한잔 받으시고, 나를 용서하시게."

그는 어떻게 강퍅한 소매치기의 마음을 돌려서 순순히 돈을 받아 낼 수 있었을까요. 이보다 더 따뜻하고 부드러운 해결이 있을까요. 장일순은 사람의 변화는 그를 소중히 여기며 따뜻하게 보듬을 때 가능하다고 말합니다. 생명이 있는 것만이 딱딱한 땅을 뚫고 꽃을 피울 수 있듯이 부드러움만이 영혼을 살아나게 합니다.

그러나 알을 깨고 새끼가 나오는 것은 부드러운 가슴만으로 가능한 일이 아닙니다. 껍질을 깰 수 있을 만큼 힘이 세질 때까지 '기다려 주는 시간'이 필요합니다.

민들레 국수집의 서영남 수사는 주중에는 국수집을 운영하고 주말에는 교정 사목활동을 합니다. 주말마다 아내 베로니카와 함께 정성이 담긴 음식을 싸들고 청송 감호소 등을 찾아가 외로운 수인囚人들을 만납니다. 면회 오는 사람 없이 끝 모를 수형 생활을 하는 이들에게 가족이 되어 주는 것이지요. 그 사랑에 감동한 형제들 중에 새 사람으로 거듭나겠다고 결심하는 이들이 있습니다. 그러나 그들의 삶은 쉽게 변하지 않습니다. 서영남 수사는 사람은 오직 스스로 변하거나 하느님만이 변하게 해 주신다고 믿습니다. 그래서 어느 형제가 겨우(?) 10년 만에 변했다며 감사의 기도를 드리기도 합니다.

민들레 국수집과 민들레 자활 공동체를 찾아오는 사람들도 마찬가지라고 합니다. 쉼터로 들어온 노숙인들은 일거리가 일정치 않아 자립할 만한 돈을 쉽게 모으지 못합니다. 그럴 때마다 그들은 고비를 넘기지 못하고 패배자로서의 자의식에 굴복하고 맙니다. 서로에게 폭력을 휘두르거나 다시 알코올중독에 빠져드는 것이지요. 그럼에도 불구하고 서영남 수사는 하느님을 대하듯 그들을 진심으로 섬기며 스스로 바뀔 때까지 묵묵히 기다립니다.

우리도 그런 마음, 적어도 10년은 기다리는 마음으로 아이들을 대해야 합니다. 자신을 성찰함으로써 너그러움을 유지하고 아이들이 변화할 거라는 믿음으로 기다려 줄 때 우리는 진정 원하는 것을 얻게 될 것입니다.

뜨거운 침묵이 부드러움을 만듭니다

오늘날은 '커뮤니케이션의 시대'라고 할 만큼 타인과 소통하고 협상하는 능력이 중요한 시대입니다. 말을 잘하는 능력은 면접뿐만 아니라 취업 후 업무를 수행하는 데 있어서도 매우 중요합니다. 커뮤니케이션 전문가들은 "말에는 그 사람의 인격이 고스란히 담겨 있다. 말은 곧 그 사람 자신이다"라고 말합니다. 학교 현장에 있다 보면 그 말을 종종 실감하게 됩니다.

예전의 학부모들은 아이가 문제를 일으켜 학교에 찾아왔을 때 일단 교사의 말을 차분히 들었습니다. 그러나 요즈음은 교통사고가 났을 때처럼 일단 큰 소리부터 치고 보는 이들이 많아졌습니다. 온 국민이 마치 차도 위에서 질주하듯 살고 있기 때문인 듯합니다.

어려운 일일수록 뜨거운 침묵이 필요합니다

몇 해 전의 일입니다. 2학년이었던 우리 반 준호가 1학년 후배들을 노래방에 데리고 가서 논 후에 노래방 비를 내게 한 적이 있었습니다. 그런 일이 자주 반복되면서 1학년 학부모들이 알게 되었고, 교장실로 항의 전화가 왔습니다. 그 일로 교장선생님과 의논을 하고 있는데, 선생님 한 분이 다급히 교장실 문을 열고 들어왔습니다.

"말씀 중에 죄송한데, 너무 급해서요. 지금 승현이 아버지가 교무실에서 김 선생님에게 난동을 부리고 있어요. 가해 학생 담임선생님이 가 보셔야겠어요."

서둘러 교무실로 뛰어가 보니, 덩치가 크고 우락부락하게 생긴 남자가 김 선생님에게 큰 소리로 윽박을 지르고 있었습니다.

"아니, 선생님이 학부모한테 손가락질을 하면서 말해도 되는 겁니까, 예? 이거 사람을 어떻게 보고… 나, 참."

승현이 아버지는 극도로 흥분한 상태였습니다. 승현이는 한쪽 구석에서 몸 둘 바를 모른 채 얼굴을 붉히며 서 있었습니다. 김 선생님이 차분한 목소리로 항변했습니다.

"제가 아버님한테 손가락질을 한 게 아니잖아요. 말하다가 무의식적으로 나온 행동을 보고 그렇게 말씀하시면 안 되죠."

"처음부터 선생님이 말을 잘못하셨잖아요. 승현이가 문제가 있어서 노래방에 불려간 것처럼 얘기하셨잖아요!"

제가 두 사람 사이로 끼어들며 말했습니다.

"승현이 아버님이시죠? 준호 담임입니다. 김 선생님은 수업

들어가셔야 되니까, 일단 저하고 상담실에 가서 말씀하시죠."

승현이 아버지가 신경질적으로 말했습니다.

"전 준호 담임선생님보다 준호라는 애를 꼭 만나고 가야겠습니다."

준호가 눈앞에 나타나기만 하면 두들겨 패 줄 기세였습니다.

"알겠습니다. 일단 저하고 먼저 얘기를 좀 하시죠."

승현이 아버지는 마지못해 저를 따라나섰습니다. 담임선생님을 따라 교실로 올라가던 승현이의 모습은 대역 죄인의 그것이었습니다.

상담실에서 저는 녹차를 대접하며 그의 흥분이 가라앉기를 기다렸습니다. 차를 마시고 마음이 진정됐기 때문인지, 자신보다 키가 큰 남자 교사가 왔기 때문인지 알 수 없지만, 어쨌든 승현이 아버지는 안정을 찾고 제 이야기에 귀를 기울였습니다.

"오늘 준호하고 아버님만 만나는 건 어렵겠습니다. 학생과 학부모님이 일대일로 만나는 건 동등한 조건이 아니기 때문에 안타깝게도 허락해 드릴 수가 없습니다. 원하시면 오늘 방과 후에 준호 부모님을 오시라고 해서 함께 만나도록 해 드리겠습니다."

승현이 아버지는 방과 후에는 시간이 없다며 나중에 선도위원회에서 준호 부모님을 만나겠다고 대답하고 돌아갔습니다. 나중에 알고 보니 놀랍게도 승현이 아버지는 목사였습니다. 승현이는 평소에 늘 겁먹은 표정을 짓고 있었는데, 아버지를 보고 나니 그 이유를 충분히 짐작할 수 있었습니다. 승현이 담임선생님의 말로는 아이가 늘 기가 죽어 있고 줏대 없는 성격 때문에 이리저리 휩쓸렸다고 합니다. 권위적인 아버지 밑에서 주눅 든 아들의 전형적인 모습이었습니다.

방송인 백지연은 말을 잘하기 위해서는 '뜨거운 침묵'의 시간이 필요하다고 말합니다. 그녀는 자주 프랜시스 베이컨의 말을 되새긴다고 합니다.

"확신을 가지고 시작하는 사람은 회의로 끝나고, 기꺼이 의심하면서 시작하는 사람은 확신을 가지고 끝내게 된다."

중대한 사건이 일어난 때일수록 신중하고 균형 잡힌 사고가 더 필요합니다. 승현이 아버지처럼 성급하게 결론을 내리고 밀어붙이게 되면, 인격이 밑바닥까지 드러나고 명예도 더럽히는 지경까지 이르게 되는 것입니다.

어렵고 복잡한 사건일수록 더 오랜 해독의 시간이 필요합니다. 백지연은 그 시간을 '뜨거운 침묵'이라고 일컬으며 이렇게 말합니다.

생각이 너무 빨리 튀어 손해를 보는 일이 많았던 나는 생각의 되새김질이라는 방법으로 훈련을 하곤 했다. 생각의 되새김질을 하면서 중점을 둔 것은 자기 생각을 객관화해 보는 것이다. 지금 자신이 하고 있는 생각이 편향된 생각은 아닌지, 입장을 바꿔 생각해 보아도 타당한 생각인지, 상대라면 어떻게 받아들이고 어떤 생각을 할지를 가능한 한 객관적인 시각으로 다시 들여다보는 것이다. 믿을 만한 주변 사람들한테 "너라면?" 하고 조언을 구할 수도 있다.

침묵의 시간을 갖는 것이 중요하다는 사실은 박경철 원장의 책에서도 볼 수 있습니다. 『시골의사의 아름다운 동행』에서 박 원장은 태어나서 처음으로 여자의 뺨을 때릴 만큼 분노한 적이 있었다고 고백합니다. 한 여자 인턴이 구급차 안에서 생명이 경각에 달려 있던 환자에게 수혈을 하지 않은 사건 때문이었습니다. 환자는 하마터면 목숨을 잃을 뻔했습니다.

박 원장은 얼마 후 인턴의 수첩에서 'NO BLOOD, NO TRANSFUSION 수혈 거부'이라는 글을 보고 감당할 수 없는 충격을 받습니다. 그녀는 피를 취하지 말라는 성서의 명령을 글자 그대로 실천하라고 강요하는 모 종교의 신도였던 것입니다. 그 이후에도 납득하기 어려운 사건들이 계속 이어졌습니다.

어느 날 그녀와 같은 종교를 믿는 신도의 아이가 교통사고를 당해 응급실에 실려 왔습니다. 수혈을 받으며 수술을 해야만 하는 상태였으나, 아이의 부모가 종교적 신념 때문에 수혈을 한사코 거부했습니다. 수술 팀은 손 놓고 아이를 죽게 할 수 없어서 부모 몰래 수혈을 동반한 수술을 감행했습니다. 다행히 수술은 비밀리에 성공적으로 끝났습니다.

그런데 수술 후에 출혈이 멈추지 않고 계속되었습니다. 의사들은 다시 부모 몰래 수혈을 하기 위해 갖은 애를 써야만 했습니다. 천신만고 끝에 아이는 건강을 회복하고 일주일 후 무사히 퇴원을 했습니다. 그런데 그 인턴이 다시 문제를 일으켰습니다. 수혈이 없었으면 수술이 불가능했을 거라는 사실을 눈치 채고는 아이의 부모에게 상세진료비 계산서를 발급받아 보라고 했던 것입니다. 계산서를 보고 수혈 사실을 알게 된 부모는 길길이 날뛰며 항의를 했습니다. 병원 측은 엄청난 곤혹을 치러야 했습니다.

사건 후 그 인턴이 의사가 되면 사람들의 생명이 위협받게 될 거라는 위기감을 느낀 박 원장은 그녀의 의사면허를 박탈하기로 작정했습니다. 그러나 징계위원회를 열기 전에 당사자의 말도 한 번쯤 들어야 한다고 생각하여 물었습니다.

"당신은 수혈을 금지하는 종교적 신념을 가진 사람인데, 왜 수혈의 의무가 있는 의사의 길을 가는 겁니까?"

"우리 교파에 의사가 거의 없기 때문이에요. 저는 우리 교파 사람들을 위해서 수혈을 받지 않고도 생존율을 높여 줄 수 있는 의술을 연구하고 싶었어요. 그런 의사가 되고 싶고요."

인턴의 말은 설득력이 있었습니다. 그녀의 행동은 소수자들이 자신들의 한계 내에서 최선을 다하고자 하는 아름다운 노력이기도 했습니다. 박 원장은 '수혈로 인해 환자의 생명을 위협할 수 있는 전공을 택하지 않는다'는 조건으로 그녀의 잘못을 덮어 주기로 결정합니다.

두 번의 위험했던 사건만 보고 판단했다면, 박 원장은 단호하게 인턴의 의사면허를 박탈했을 것입니다. 그러나 그는 99퍼센트의 확신 속에서도 한 걸음 물러설 줄 알았습니다. 그 역시 '뜨거운 침묵'의 시간을 보냈던 것이겠지요. 덕분에 그 인턴은 방사선과 전문의 과정을 마치고 같은 종교를 가진 신도들이 주로 이용하는 의원을 개원할 수 있었습니다. 그녀는 현재 신도들이 위험한 외상을 당했을 때 교리를 지키면서 문제를 해결하도록 조언하며 진료를 하고 있다고 합니다.

굳은 심지가 촛불을 온화하게 만듭니다

김규항은 어린이 교양 만화잡지 「고래가 그랬어」를 발행하는 진보적 지식인입니다. 『B급 좌파 : 세 번째 이야기』에 보면 그가 얼마나 부드럽고 공정하게 문제를 해결하는지가 나옵니다. 그는 어느 날 초등학교 3학년 딸 단이가 시험 시간에 부정행위를 하고 벌을 받았다는 충격적인 소식을 듣습니다. 저녁에 딸에게 자세한 경위를 들어 보니, 담임선생님과 딸 사이에 미묘한 오해가 있었습니다.

수행평가를 보던 단이가 글자가 이상해서 고쳐 쓰려고 지우개로 지우는데 그만 평가지가 찢어졌습니다. 단이는 급한 마음에 친구에게 테이프를 빌려 달라고 했는데, 그걸 본 선생님께 불려 나가 벌을 받았습니다. 잠시 후 선생님은 둘을 들여보내며 단이가 지운 답은 틀린 거라고 말씀하셨습니다. 그러나 단이는 채점할 때 친구가 틀렸다고 표시한 그 문제를 맞았다고 고쳐서 평가지를 냈습니다. 선생님이 화가 나서 왜 그랬느냐고 다그치자, 단이는 당황한 나머지 상황을 자세히 설명하지 못하고 덤벙대다 그랬다고 거짓으로 대답했습니다.

김규항은 딸이 받았을 상처를 어떻게 치유해 주고, 선생님과의 오해를 어떻게 바로잡아야 할지 고민에 빠졌습니다. 그는 남들이 하는 것처럼 다짜고짜 교장실에 전화를 하거나, 교육청으로 민원을 올리는 건 현명한 처신이 아니라고 생각했습니다. 그래서 선생님이 써 오라고 한 반성문을 딸과 함께 객관적인 사실에 근거해서 쓴 후에, 아이의 아버지로서 선생님께 간곡한 편지를 썼습니다.

먼저 선생님이 답을 안 적었으니 틀린 거라고 하셨는데도 단이가 답을 적은 건, 선생님의 말을 거역하려 한 게 아니라 자기가 아는 답을 그런 이유로 비워 두는 건 옳지 않다는 생각이 들어서였을 거라는 것과, 선생님이 거듭 야단치시자 어린 마음에 당황하여 없는 말을 둘러댔던 것에 대해 적었습니다. 그리고 자신의 의견을 이렇게 덧붙였습니다.

> 제가 지금 제 아이의 일에 대해 구구절절 되짚는 것 역시 이 불공정한 세상에서 살아가야 할 아이에게 '공정함'을 가르치기 위해서입니다. 만일 교사와 부모에게서조차 공정함을 배울 수 없다면 과연 아이가 어떻게 사회적 공정함을 믿을 수 있겠습니까.
> … 아이의 명예라고 해서 어른의 것보다 덜 중요하다거나 작다고 생각하지 않습니다. … 반성문을 단이와 함께 고쳐 보았습니다. … 제 의견에 얼마든 선생님의 다른 의견이 있을 수 있다고 생각합니다. 어떤 방식으로든 일러 주시면 저 역시 성실하게 대화에 임하겠습니다.

다음 날 선생님으로부터 답장이 왔습니다. 선생님은 그의 의견에 대부분 동의한다면서 일부 사실관계에 대한 다른 의견을 조심스럽게 알려 주셨습니다. 김규항은 선생님의 아이에 대한 애정과 객관적인 상식에 따라 처리하고자 하는 교육관에 감사해하며 다시 답장을 보냈습니다.

> … 다시 선생님의 이견을 반박할 생각은 없습니다. … 극도로 정밀한 조사나 규명은 단이 아비인 저에겐 가능하지만 선생님에겐 불가능한 일이라 생각하기 때문입니다. 저는 단이라는 한 아이를 상대하지만 선생님은 마흔 명이 넘는 아이들을 공정하게 상대할 책임이 있습니다. 만일 제가 단이의 일에 대해 그런 정밀한 조사나 규명을 요구한다면 그것은 단이에게 특권을 달라고 요구하는 일일 것입니다. … 객관적으로 증명해 내기 어려운 진실은 결국 진실로 인정받기 어렵다는 걸 단이가 알아야 한다고 생각하기 때문입니다.

승현이의 아버지와 김규항은 문제를 해결하는 방법에서 큰 대조를 보입니다. 승현이 아버지처럼 우격다짐으로 상대에게 돌진하는 방법은 문제를 근본적으로 해결하기도 어려울뿐더러, 겉으로 해결되었다손 치더라도 상대방은 물론 자신에게도 적지 않은 상처를 남깁니다. 반면에 김규항은 정중하고 반듯한 편지로 문제를 해결했습니다. 그는 끝까지 부드러움과 따뜻함을 잃지 않을 때 뜻하는 바, 즉 공정함과 명예를 얻게 된다는 것을 보여 주었습니다.

딸의 억울함에 대해 김규항이 느꼈던 분노는 작지 않았을 것입니다. 속이 끓는 정도가 아니라 사납게 뒤집혔을 것입니다. 그는 그 상황을 단단하면서도 예의를 지킨 문장으로 해결해 나갔습니다. 그사이의 침묵이 얼마나 뜨거웠겠습니까. 승현이의 아버지는 침묵을 거치지 않은 분노를 그대로 갖고 가서 아들의 선생님에게 폭언을 퍼부었습니다. 그 모습을 본 승현이는 아버지가 얼마나 부끄러웠을까요. 자녀 교육에 있어 이보다 더 나쁠 수는 없습니다. 아들은 그 순간을 지울 수 없는 상처로 기억할 것입니다.

반면에 단이에게 아버지는 얼마나 자랑스러운 존재였을까요. 부드럽고 공정한 방법으로 어린 딸의 명예를 회복시켜 주지 않았습니까. 김규항의 부드러움은 단단한 중심에서 나온 것입니다. 촛불의 온화함은 굳은 심지가 있기 때문이라는 사실이 새삼 떠올랐습니다.

오늘의 학교는 부드러움과 따뜻함을 상실해 가고 있습니다. 가정도 다르지 않습니다. 그 결과로 세대 간의 관계뿐만 아니라 또래와의 관계에서도 부드러운 소통이 이루어지지 못하고 있습니다. 가정과 학교는 아이들이 뜨거운 침묵을 간직한 사람으로 자라 가도록 도와주어야 할 것입니다.

따뜻한 말과 포옹이 아이의 마음을 푸르게 합니다

온유한 사람은 아이들의 가시가 상처의 다른 얼굴이라는 사실을 알고 있습니다. 그들의 자기파괴적인 행동이 사실은 피 흘리지 않으려는 몸부림이라는 걸 알고 있습니다. 아이들이 힘과 강압으로 변화되지 않는다는 걸 잘 알고 있습니다. 다치고 모난 마음은 부드럽게 감싸주는 것으로만 치유될 수 있습니다. 암탉이 달걀을 품듯이, 굳고 딱딱한 껍질 속에 묻혀 있는 마음은 따뜻하게 보듬어 줄 때만이 살아날 수 있습니다.

국자를 내동댕이친 아이

점심시간에 문 선생님이 심각한 얼굴로 제게 상담을 부탁하셨습니다. 문 선생님은 3학년 5반을 맡고 있던 40대 중반의 여선생님이었습니다. 선생님은 채 충격에서 벗어나지 못한 표정으로 윤호와 있었던 일을 들려주셨습니다.

학급회장인 윤호는 큰 덩치에 음식 욕심이 많은 아이였습니다. 평소에 맛있는 반찬이 나오면 식판에 수북이 담아 가서 다른 아이들이 못 먹게 만들었기 때문에 선생님은 점심시간마다 교실로 올라가서 급식 지도를 하셨습니다. 4월 급식 당번이 된 윤호는 친한 아이에게는 많이 주고 친하지 않은 아이에게는 적게 주는 횡포를 부렸습니다. 그러던 어느 날 점심시간이었습니다. 문 선생님이 윤호에게 배식을 똑바로 하라고 나무라자 윤호가 성질을 부리며 배식 국자를 내동댕이쳤습니다. 놀란 선생님이 윤호를 혼냈더니 녀석은 오히려 더 성질을 부리며 바락바락 대들었다고 합니다. 다른 반 아이들까지 있는 복도에서 모욕을 당한 선생님은 감당하기 힘든 충격을 받은 듯했습니다.

다음 날 아침, 윤호는 교실에서 선생님께 죄송하다고 말했습니다. 그러나 태도는 불손했습니다. 아버지의 협박 때문에 억지로 사과를 한 것입니다. 진심으로 사과를 하라고 혼내자 윤호는 또 대들면서 선생님께 더 심한 상처를 안겼습니다.

문 선생님은 윤호가 바른 생활 태도를 갖출 때까지 집에서 체험 학습을 하게 하겠다고 했습니다. 제가 조심스럽게 다른 의견을 말씀드렸습니다.

"제 생각에는 먼저 윤호에게 기회를 주어야 할 것 같아요. '네가 선생님의 정당한 지시에 반항한 것은 심각하게 교권을 침해한 것이다. 네가 잘못한 행동에 대해서는 일주일 동안 청소를 한다거나 벌을 받음으로써 스스로 책임지는 과정이 필요하다. 네가 잘못을 인정하고 벌 청소를 받겠다면 그것으로 용서해 주겠다. 그러나 그런 책임을 받아들이지 않는다면, 집에서 체험 학습을 시키겠다.' 이렇게 설명해 주고 윤호에게 선택권을 주면 어떨까요?"

문 선생님도 그 방법이 좋겠다고 했습니다. 선생님은 그날 방과 후에 윤호를 교무실로 불러 놓고 한참 동안 타일렀습니다. 윤호는 계속 불손한 태도로 말대답을 했습니다. 문 선생님은 사람이 많은 교무실에서 얘기를 하고 있었지만 표정을 살펴보니 윤호 기분이 어떨지 생각할 여유는 없는 듯했습니다.

문 선생님께 잠시 회의실에서 얘기를 나누자고 말씀드렸습니다. 선생님은 종례시간에 윤호와 있었던 일을 들려주셨습니다. 점심시간에 상담실에서 상담을 받고 온 윤호는 마음을 고쳐먹었는지 종례시간에 선생님께 사과를 했습니다. 그러나 태도는 여전히 뻣뻣했습니다. 그런 사과는 제자의 위협적인 행동으로 혼란 상태에 빠져 있던 선생님의 마음을 풀어 줄 수 없었습니다. 선생님은 진심으로 잘못을 뉘우친다면 교무실에 가서 무릎을 꿇고 앉아 있으라고 지시했습니다. 그러나 윤호는 아버지가 아무데서나 무릎 꿇지 말라고 하셨다며 한사코 거부했다고 합니다.

"선생님, 지금 윤호가 저렇게 반항적인 건 선생님과의 관계보다는 아버지와의 관계 때문일 가능성이 커요. 아버지의 억압으로 마음이 억눌린 아이들은 다른 대상에게 분노를 폭발하게 되거든요. 제가 일단 윤호하고 얘기를 좀 해 볼게요."

저는 문 선생님의 허락을 얻은 후 윤호를 회의실로 데리고 갔습니다. 제 예측은 틀리지 않았습니다. 윤호는 아버지를 엄청나게 무서워하고 있었고 아버지에게 대들었다가는 맞아 죽는다는 걸 알았기 때문에 반항해 본 적이 없다고 했습니다.

"윤호야, 네가 꼭 해야 할 일이 있는데, 그건 네가 아버지에게 느끼고 있는 감정을 솔직하게 표현하는 거야. 네가 그동안 억눌린 감정을 한 번이라도 아버지에게 터뜨렸다면, 절대로 담임선생님에게 그렇게 하지는 않았을 거야."

윤호는 고개를 끄덕이며 제 말을 순순히 인정했습니다. 윤호는 담임선생님이 사람들이 많은 교무실에서 얘기를 했기 때문에 자신도 모르게 더 불손하게 말하게 됐다고 털어놓았습니다. 타인 앞에서 약한 모습을 보이는 걸 죽기보다 싫어하는 사내 녀석의 고집이었지요.

윤호는 집에서 체험 학습을 하는 것보다 청소를 하는 벌을 받든 스스로 책임지고 싶다고 했습니다.

"좋아. 네 마음을 담임선생님께 알려 드릴 테니까, 너도 선생님께 어떤 벌이든 받겠다고 잘 말씀드려. 자꾸 부모님까지 힘들게 하지 말고 네 스스로 해결하도록 해. 그게 남자다운 거야."

윤호는 자신의 공격성이 어디에서 비롯된 것인지 알게 된 순간부터 마음의 안정을 찾기 시작했습니다. 아버지로부터의 억압이 자신을 폭력적으로 만들었다는 깨달음이 마음의 짐을 어느 정도 덜어 준 듯했습니다.

문 선생님과 윤호는 회의실에서 한참 대화를 나누었습니다.

20여 분 후에 선생님과 제자가 한결 밝아진 얼굴로 나왔습니다. 선생님은 윤호가 회의실에서 무릎을 꿇고 용서를 빌었으며, 일주일 동안 방과 후에 1시간씩 책을 읽고 가기로 약속했다고 말했습니다.

아이들의 비행은 이해를 구하는 신호입니다

자신보다 약한 이들을 지배함으로써 쾌감을 느끼는 사람을 사디스트라고 합니다. 윤호에게는 다분히 사디스트의 면모가 엿보였습니다. 담임선생님께 진심으로 용서를 빌기 전, 윤호는 생활지도부장 선생님에게 불려가서는 깍듯하게 머리를 숙이고 진심으로 뉘우치는 모습을 보였습니다. 그러나 교실로 돌아와서는 언제 그랬느냐는 듯이 담임선생님을 무시했습니다. 사디스트들은 자기보다 힘이 강한 자를 숭배하고 그에게 복종하는 성향을 갖고 있습니다. 그것은 학대를 받음으로써 쾌감을 얻는 마조히스트적 성향이기도 합니다. 이처럼 사디즘과 마조히즘은 동전의 양면처럼 한몸을 이룬다고 합니다. 윤호의 모습이 그러했습니다. 약한 선생님을 향해 폭발했던 공격성과 강한 아버지 앞에서 느꼈던 무력감은 한 뿌리의 다른 줄기였던 것입니다.

우리 사회에는 윤호처럼 강압적인 아버지 밑에서 사도마조히즘적 삶을 강요받고 있는 아이들이 많습니다. 이런 성향은 얼마 전까지 남학생들에게 두드러졌는데, 요즘엔 여학생들에게도 만연하고 있습니다. 몇 년 전까지만 해도 여학생들이 욕하는 모습을 보는 건 꽤 드문 일이었습니다. 그런데 요즘은 남학생만큼 욕을 잘하거나 더 거칠고 사납게 욕을 하는 여학생들을 보곤 합니다. 웬만한 남학생들은 그런 여학생들에게 절절 매고, 소위 일진이라는 남학생들조차도 그들을 감당하지 못합니다. 사납고 드센 기에 눌리는 것이지요. 에리히 프롬에 따르면 경쟁이 가속화되는 사회일수록 사도마조히즘적 성향이 강해집니다. 약육강식의 세계에서 살아남으려면 강한 자에게 빌붙고 약한 자를 짓밟아야 하기 때문일 것입니다. 지성과 감성을 쌓아 가야 할 학문의 전당이 사회의 폭력적 가치관에 매몰되고 있는 건 실로 가슴 아픈 일입니다.

저는 윤호와 면담을 한 다음 날, 오지랖 넓게도 다른 반 학부모인 윤호 어머니와 통화를 했습니다. 윤호의 심리 상태가 그만큼 심각하다고 느꼈기 때문이지요. 윤호 어머니는 2학년 때까지 아들의 공부를 관리해 왔는데, 점점 통제가 되지 않아서 3학년부터 아버지에게 맡기게 되었다고 했습니다. 아버지가 아들을 통제하는 방법은 힘으로 억누르는 것이었습니다. 아버지의 매가 무서웠던 윤호는 친구들과도 만나지 않고 학원을 꼬박꼬박 다녔습니다. 그 덕분에 상위권의 성적을 유지할 수 있었지만 내면은 아버지에 대한 원한과 분노로 골병이 들고 있었습니다.

윤호는 2학년 때까지 선생님들께 대든 적이 없는 모범생이었다고 합니다. 사교적이고 활달한 성격이었던 아들이 왜 폭력적으로 바뀌었는지 부모님이 정확히 알 필요가 있었습니다.

"윤호가 지금은 아버지의 힘이 무서워서 복종하고 있지만 앞으로 어떻게 변할지 장담할 수 없어요. 저는 아버지의 힘에 짓눌려 살던 아이들이 나중에 그 힘마저 벗어나는 걸 많이 봤어요.

아예 무단결석을 하거나 가출해 버리는 거예요. 그렇게 되기 전에 아버지와 윤호가 소통하는 일이 시급하다는 생각이 들어요. 학원과 친구 문제에 대해서 충분히 대화한 후에 어느 정도 자율권을 주는 게 좋을 거 같습니다."

그러나 윤호의 어머니는 그럴 생각이 전혀 없어 보였습니다.

정신과 의사들은 청소년들의 비행은 사악한 짓이 아니라 동정과 이해를 구하는 병적인 신호라고 말합니다. 윤호가 담임선생님 앞에서 난폭한 행동을 한 것은 공감과 이해를 구하는 시급한 신호였던 것입니다. 그러나 윤호의 가정은 아들이 선생님에게 대든 일조차 아버지에게 말하지 못할 정도로 소통이 단절되어 있었습니다.

저는 그날 윤호 어머니에게 하고 싶었던 말을 다 하지 못했습니다. 아버지의 억압에 짓눌려 살던 아들이 아버지에게 폭력을 행사하거나 집에 불을 지른 사건들, 그 충격으로 아버지가 자살하거나 무고한 가족들이 생명을 잃은 사건들은 차마 전하지 못했습니다.

얼마 뒤 윤호는 목동으로 전학을 갔습니다. 그 학교 일짱과 맞짱을 떴다, 무단결석 하는 걸 봤다는 등의 좋지 않은 소문이 들려왔습니다. 저는 그런 소문보다 윤호가 아버지를 때렸다는 소식이 들려올까 봐 더 조마조마했습니다.

따뜻한 가슴보다 더 좋은 약은 없습니다

『자유로운 아이들 서머힐』에는 영국의 교육공동체 리틀 코먼

웰스_{작은 공화국}의 설립자 호머 레인이 폭력적인 학생의 상처를 치유해 준 이야기가 나옵니다.

레인은 반사회적 행동을 일삼았던 자베즈와 상담을 하고 있었습니다. 대화 도중 화가 난 자베즈가 탁자 위에 있던 찻잔과 접시를 깨뜨리고 싶다고 말했습니다. 레인은 쇠부지깽이를 건네주었고, 자베즈는 찻잔과 접시를 박살 냈습니다.

자베즈는 난생처음 권위를 가진 사람으로부터 뭔가를 박살 내서 화를 풀어도 좋다는 말을 들었는데, 그것은 그의 상처를 치유하는 데 결정적인 역할을 했습니다. 그동안 받아 왔던 억눌림을 일시에 해소해 주었던 것입니다.

저는 생각했습니다. '윤호가 자베즈처럼 아버지 앞에서 접시나 찻잔을 박살 내는 행동을 할 수 있었다면 어떻게 됐을까? 그랬다면 아버지에게 받아 왔던 억압과 상처를 조금이나마 씻을 수 있지 않았을까?' 아버지에게 편지를 써서 가슴에 쌓여 있던 감정을 전할 수만 있었어도 놀라운 치유 효과가 있었을 것입니다. 그러나 윤호의 어머니는 그런 얘기에 전혀 관심이 없었습니다.

부지깽이로 접시를 깨는 것보다 아이들의 상처를 치유하는 더 좋은 방법이 있습니다. 문 선생님은 그 방법을 잘 알고 있는 분이었습니다. 문 선생님의 반에는 태성이라는 일진 아이가 있었습니다. 담임을 맡았던 3월에 태성이는 윤호보다 더 생활 태도가 좋지 않았다고 합니다. 태성이 역시 아버지에 대한 부정적인 감정이 많은 아이였습니다. 문 선생님은 태성이의 아버지와 상담을 하면서 아들을 자주 안아 주라고 부탁했습니다. 다행히도 태성이의 가정은 윤호의 가정과 달리 소통이 되는 곳이었습니다.

　태성이의 아버지는 아들과의 관계를 회복하기 위해 힘을 다해서 노력했습니다. 아버지의 포옹의 힘은 놀라웠습니다. 반항적이고 불성실했던 태성이의 태도가 달라지기 시작한 것입니다. 구름 낀 날씨처럼 흐렸던 태성이의 얼굴이 환하게 밝아졌고, 여유 있는 웃음이 자주 나타났습니다. 상처 입은 마음에 부모의 사랑한다는 말과 포옹보다 더 효과적인 치료제는 없습니다. 거칠고 딱딱한 껍질 속에 갇혀 있던 태성이의 영혼은 부모님의 따뜻한 말과 부드러운 포옹 속에 푸른 싹을 틔우고 소생해 갔습니다.

　피부와 뇌에 대한 과학적 지식은 포옹의 힘을 설득력 있게 설명해 줍니다. 인간의 피부세포와 뇌세포는 동일한 외배엽에서 나왔다고 합니다. 그래서 포옹을 통해 피부가 맞닿으면 뇌에서 애정을 느끼는 신경세포가 자극을 받게 되는 것입니다. 그러니 시도 때도 없이 아이를 안아 주시기 바랍니다. 아이가 징그럽다고 거부할지라도 막무가내로 안아 주세요. 이것만큼은 강제로 해도 무방합니다. 이보다 남는 장사가 어디 있습니까. 함께 살을 맞비빈 만큼 애정이 거저 싹트는 것입니다. 안으면 안을수록 사랑스러워지는 것입니다.

　저는 아내와 딸하고는 자주 안으며 사랑의 감정을 나누는 편입니다. 그런데 아들을 안아 주는 일만큼은 잘 되지 않았습니다. 무뚝뚝한 사춘기 남자애를 안는 일은 고양이 목에 방울을 다는 일만큼 어려웠습니다. 아들과의 사이에 보이지 않는 장막을 만든 것은 저입니다. 아들의 말에 따르면 저는 딸에게는 무한 관대하면서 아들에게는 사소한 잘못도 그냥 넘어간 적이 없었다고 합니다. 맏이였던 아들에게 더 엄격한 잣대를 대고 평가했던 것은 사실이기에 아들의 말을 부정할 수 없었습니다. 저 역시 여느 아버지들처럼 아들에게 엄격하고 무서운 아버지였던 것입니다.

아들이 한 학기 동안의 힘겨운 기숙사 생활을 마치고 돌아왔을 때 저는 방학 기간 동안 부자간의 관계를 좁혀 보리라 마음먹었습니다. 방법은 아들을 자주 안아 줌으로써 애정을 키워 가는 것이었습니다. 그러나 좀처럼 손이 뻗어지지 않았습니다. 아내와 딸을 안으면서 연습을 해 보기도 했지만, 아들 앞에만 서면 의지가 꺾이곤 했습니다.

저는 뇌 과학적 지식을 활용하여 다른 길을 찾아보았습니다. 포옹을 통해서 애정을 높일 수 있다면, 뇌에서 포옹하는 상상을 하는 것도 그에 준하는 효과가 있을 것이었습니다. 그래서 저는 아들을 볼 때마다 아들을 안는 상상을 했습니다. 아침에 일어나서 처음 봤을 때 머릿속으로 안아 주었습니다. 밖에 나갔다가 돌아왔을 때도 안아 주었고, 컴퓨터 게임을 하는 모습을 볼 때도 안아 주었습니다.

그런 상상은 실제로 효과가 있었습니다. 뇌에서 자주 안아 줄수록 아들이 사랑스러워져 갔습니다. 상상하는 만큼 뇌세포의 애정을 느끼는 영역이 자극을 받는 것 같았습니다. 아들과의 관계는 그런 차선책을 통해서 조금씩 자연스러워졌습니다. 아직 딸과의 관계만큼 끈끈하진 않지만 남자끼리만 느낄 수 있는 신뢰와 애정이 쌓이고 있습니다.

  아이들과 어려움 없이 안을 수 있는 분들은 더 자주 안아 주십시오. 아들과 딸을 안고 싶지만 안을 용기가 없는 분들은 머릿속에서라도 많이 안아 주십시오. 따뜻하고 부드러운 포옹은 아무리 단단한 껍질 속에 있는 사랑일지라도 언젠가는 꺼내 줄 것입니다.

4장

마음을 비우면 아이를
사랑으로 모실 수 있습니다

이상한 일입니다. 부모가 사랑하면 할수록 불행해지는 아이가 늘고 있습니다. 아이를 지극히 사랑함에도 속절없이 무너지는 가정이 있다면 부모의 사랑을 점검해 보아야 합니다.

사랑은 아이들의 속사정을 들음에서 시작하고, 그들을 마음에 모심으로 완성됩니다. 허영과 탐욕을 버리고 마음을 비운 부모만이 아이를 온전히 사랑할 수 있습니다.

아이는 사랑으로만 변합니다. 변화될 것을 요구하지 말고 자꾸 사랑에 빚지게 해야 합니다. 사랑에 빚진 아이는 반드시 사랑을 주는 존재가 될 것입니다.

이해하기 전에는 사랑하지 못합니다

『내 영혼이 따뜻했던 날들』에서 체로키 인디언 할아버지가 할머니에게 말합니다.

"I kin ye, Bonnie Bee 당신을 이해해, 보니 비."

인디언들은 사랑한다는 말 대신 이해한다는 말을 한다고 합니다. 그들에게는 사랑과 이해가 같은 말로 쓰이기 때문입니다. 체로키인들은 이해할 수 없는 것은 사랑할 수 없으며, 또 이해하지 못하는 사람은 사랑할 수 없다고 믿습니다. 그들은 '이해는 세월이 흐를수록 더 깊어지는 것이며, 유한한 인간이 설명할 수 있는 것들 너머에 있는 어떤 것'이라고 말합니다. 그만큼 이해를 신비롭고 은혜로운 것으로 여깁니다.

소설에서 체로키 인디언들은 이웃과 동물들, 그리고 자연과 평화롭게 살아가는 지혜를 자녀들에게 엄격하게 교육합니다.

작은 나무의 할아버지는 어린 시절에 교회에서 만났던 '너구리 잭'이라는 사람에 대해 그다지 호의를 느끼지 못했습니다. 그가 너구리처럼 심통을 부리고 짜증을 잘 냈기 때문입니다. 한번은 너구리 잭이 교회에서 난동을 부렸는데, 그를 때려눕힐 수도 있었던 증조할아버지가 차분하게 설득하는 모습을 보면서 할아버지는 무척 의아해했습니다. 증조할아버지는 너구리 잭에 대해 이야기해 주었습니다.

너구리 잭은 체로키족이 백인들에게 쫓겨나서 강제 이주를 당했을 때 산 속에서 그들과 열심히 싸웠고, 남북전쟁 때는 땅과 집을 되찾기 위해서 북군과 또 열심히 싸웠습니다. 둘 다 패배로 끝났지만, 그 뒤에 미국 정치가들이 얼마 남아 있지 않던 땅까지 빼앗으려고 했을 때도 싸우고 또 싸웠습니다. 평생 체로키족을 위해서 싸우는 것밖에 해 온 게 없었기에 싸울 것이 아무것도 남아 있지 않은 지금도 그렇게 살고 있는 것이었습니다.

그 말을 듣고 나서 작은 나무의 할아버지는 너구리 잭이 무슨 말을 하든, 어떤 행동을 하든 그를 사랑하게 되었다고 말합니다. 그를 이해할 수 있었기 때문이지요.

다음 이야기도 타인을 이해하는 체로키인들의 탁월한 능력을 잘 보여 줍니다.

작은 나무가 다니던 교회에는 소작농 아버지와 함께 나오는 여자아이가 있었습니다. 그 아이가 맨발로 다닌다는 말을 들은 작은 나무의 할머니가 사슴 가죽으로 인디언 모카신을 만들어서 선물해 주었습니다. 그 사실을 알게 된 소녀의 아버지는 감나무 나뭇가지가 부러질 때까지 딸의 다리와 등을 때렸습니다. 그런 후에 딸의 발에서 모카신을 벗겨 작은 나무에게 돌려주면서 동정 따위는 받지 않겠다고 말했습니다.

할아버지는 작은 나무에게 그 아버지의 마음이 이해된다고 하면서 몇 년 전의 경험을 들려주십니다. 길가에 있는 오두막을 지나던 할아버지는 그 집 아버지가 통신 판매회사의 카탈로그를 보고 있던 두 딸을 다리에 피가 날 때까지 때리는 모습을 보았습니다. 그 남자가 카탈로그를 불에 태워 버린 후 아무도 없는 헛간 뒤에 주저앉아서 흐느껴 우는 모습을 보고 나서야 할아버지는 그를 이해하게 되었다고 합니다. 자식들이 자기들이 가질 수 없는 걸 좋아하게 내버려 둘 수가 없었던 그 아버지의 마음을요.

작은 나무도 그제야 비뚤어진 교육을 할 수밖에 없었던 소녀의 아버지를 '이해하게' 됩니다.

거짓 주체성의 신화에 갇힌 교육

몇 해 전 2학년을 맡았을 때, 참으로 황당하고 어이없는 일을 겪었습니다.

아침 조회를 하러 교실로 올라가다가 화장실 청소를 하는 여사님을 만났습니다.

"선생님, 남자 화장실에 폐지를 버리는 애들 때문에 너무 골치가 아파요. 어떤 녀석인지 폐지를 화장실에 갖다 버리는데 꼭 똥 싸 놓은 변기에 버리는 거예요. 화장실 바닥에다 버리면 청소하기라도 편한데 꼭 변기에다 버려서 똥 묻은 종이들을 치우느라 아주 죽겠어요."

그때 폐휴지 담당인 기창이가 싱글거리며 계단을 올라왔습니다. 기창이는 상민이와 함께 폐지 담당 도우미를 맡고 있었습니다.

"기창이 너 이리 와 봐."

심상찮은 표정을 본 기창이가 긴장하며 다가왔습니다.

"솔직하게 말해야 돼. 화장실 변기에 폐지 버렸어, 안 버렸어?"

"전 안 버렸는데요. 상민이가 버리는 건 봤어요…."

쉬는 시간에 상민이를 불러서 추궁했더니 곧 이실직고를 했습니다. 사연을 들어 보니 기창이에게도 책임이 있었습니다. 폐휴지통을 비우는 날이면 기창이는 휴지통을 들고 내려가서 버린 후 상민이에게 4층 교실로 갖다 놓으라고 하고는 집으로 가 버렸습니다.

"너 솔직히 얘기해 봐. 너한테 일을 떠넘기는 기창이한테 화가 났는데, 싸울 용기가 없으니까 변기통에다 분풀이했던 거지?"

상민이는 그런 게 아니었다고 끝까지 부인했지만, 그의 무의식에서는 누군가를 향한 분노가 들끓고 있음이 분명했습니다. 기창이에게는 3일 독서를, 상민이에게는 일주일 독서를 하도록 지시했습니다. 그리고 상민이에게는 한 가지를 더 주문했습니다.

"오늘 가장 좋은 편지지에다 사죄 편지를 쓰고, 내일 아침에 여사님께 드리면서 용서를 구하도록 해. 편지만 드리지 말고 음료수라도 한 병 사서 함께 드려."

다음 날 아침, 상민이를 데리고 여사님에게 갔습니다. 여사님은 학생이 사과를 드리러 왔다고 하자 많이 쑥스러워하셨습니다.

"아유, 뭘. 이런 거 하지 않아도 되는데 그러세요."

그러면서도 여사님의 얼굴은 반가운 표정이었습니다. 상민이가 주머니에 있던 편지와 음료 캔을 꺼내 여사님께 드리며 말했습니다.

"정말, 죄송합니다."

상민이는 부끄러워하면서도 용기를 내서 사과를 드렸습니다. 여사님이 환하게 웃으며 상민이의 손을 감싸셨습니다.

"어이구, 이거 네가 쓴 편지니?"

상민이가 고개를 숙인 채로 머리를 끄덕였습니다. 음료수와 편지를 받은 여사님이 편지를 죽 읽은 후에 말씀하셨습니다.

"그래, 괜찮아. 다음부터 안 그러면 돼."

상민이는 상기된 얼굴로 교실로 돌아갔습니다.

상민이는 왜 자기 행동이 누군가를 곤란하게 한다는 걸 헤아리지 못했을까요? 상민이만의 문제가 아닙니다. 오늘의 학생들에게서는 다른 사람을 이해하려는 모습을 찾아보기 힘듭니다.

그들은 왜 그렇게 이해하려 하지 않을까요? 아마도 그만큼 가정과 학교에서 이해받지 못하고 살아왔기 때문일 것입니다. 또한 남을 이해해야 한다는 것을 배우지 못하고 자랐기 때문일 것입니다. 『수업이 바뀌면 학교가 바뀐다』의 저자 사토 마나부의 의견을 빌리자면 우리 교실이, 우리 가정이 잘 듣는 것의 중요성을 가르쳐 주지 않기 때문일 것입니다.

사토 마나부는 초등학교에서 적극적으로 발표하는 것을 최고의 미덕으로 삼는 수업 방식이 오히려 학생들을 참된 배움으로부터 멀어지게 한다고 진단합니다. 적극적으로 발표하는 아이들의 경우 그 명석한 표현이 자신의 내부로부터 나온 앎이 아니라 타인의 사고를 흉내 낸 것일 가능성이 높기 때문입니다. 초등학교에서 발표를 열심히 하던 아이들이 중학생이 되면 입을 굳게 닫아 버리는 것도 그 때문입니다. 초등학교 내내 거짓 주체성을 강요받았던 것이지요. 아이들은 입으로 나오는 지식이 자기 자신의 앎이 아니라는 사실을 어렴풋이 깨닫게 되면서 입을 다물게 되는 것입니다.

사토 마나부는 "창조성이라는 것은, 미묘하고 모호한 갈등과 모순 속에서 더듬거리는 사고나 표현에서 비롯되는 경우가 많다"고 말합니다. 그는 '좋은 수업은 무엇인가', '좋은 교실은 어떤 모습인가'에 대한 거대한 인식의 전환을 요구합니다. 좋은 교실은 무턱대고 발표를 잘하는 교실이 아니라 서로 잘 듣는 교실입니다. 참된 배움은 주의 깊게 듣는 행위에서 비롯되기 때문입니다. 교사의 말이나 친구들의 말이 환기해 주는 것들을 자기 자신의 말로 만들어 내고, 그것들을 다시 다른 친구의 말과 비교해 가면서 차이와 공통점을 찾아가는 과정에서 역동적인 배움이 탄생하는 것입니다.

따라서 발표력이 있는 아이보다 잘 듣는 아이를 우수하게 평가해야 합니다. 배움에 있어서 겸허함과 주의 깊음은 아무리 강조해도 지나치지 않습니다. 겸허하게 듣는 자세로 다른 사람들과의 작은 차이를 느끼면서 맞춰 나가는 것이 배움의 원동력이기 때문입니다.

거짓 주체성만을 강요당한 아이들이 살게 되는 사회를 한번 상상해 볼까요? 들어주는 사람은 아무도 없이 각자 자신의 주장만을 떠들어 대는 '말하는 이들만의 사회'를. 그 사회는 서로 다른 언어를 쓰는 사람들이 점점 목소리를 높이는, 공허한 소음 사회에 불과할 것입니다. 교통사고가 난 현장에서 서로 다른 언어로 고래고래 소리를 지르고 있는 외국인들의 모습을 상상해 보십시오. 얼마나 끔찍한 사회입니까. 이런 사회에서 남의 처지를 이해한다는 것은 참 요원해 보입니다.

참된 이해는 자유를 낳습니다

교실에는 한 해가 다르게 소위 문제아들이 늘어나고 있습니다.

행복한 아버지는 아이들에게 공부만 강요하지 않으며, 행복한 어머니는 남편이나 아이들에게 잔소리를 하지 않습니다. 그리고 행복한 아이는 자기보다 약한 아이를 괴롭히지 않습니다. 문제아들이 세상과 전쟁을 벌이는 것은 자신과 전쟁을 하고 있기 때문입니다.

영국의 대안 공동체 학교 '서머힐'의 창시자 닐은 도둑질을 하고 물건을 부수고 폭력을 휘두르는 아이들을 대상으로 일주일에 한 번씩 일대일 정신분석 상담을 했습니다. 정신분석은 효과가 있어서 일정한 시간이 지나자 상담을 받던 아이들이 치유되기 시작했습니다. 그러나 닐은 몇 년 후 이렇게 고백합니다.

"나는 정신분석 상담을 거부한 아이들도 시간이 지난 후 치유되었다는 사실을 발견했다. 그래서 나는 아이들을 치유했던 것은 정신분석이 아니라 바로 '자유'였다는 결론을 내려야만 했다."

자녀와의 관계가 파탄 난 가정 중에서 이따금 극적으로 관계를 회복한 경우를 접하게 됩니다. 그런 기적은 어김없이 부모가 아이에게 '학업과 진로에 대해 스스로 선택하고 판단할 자유'를 부여했을 때 일어납니다. 이는 아이를 '지금 그대로' 이해한 부모만이 할 수 있는 일입니다. 존재 자체에 대한 이해를 통해서 존재 자체에 대한 사랑이 시작된 것입니다. 아니, 사랑은 본래 부모의 가슴속에 있었던 것이니, 사랑이 흘러가기 시작한 것이라고 말해야겠지요. 부모가 '자유를 돌려주겠다'고 굳이 선언하지 않아도, 아이는 부모의 행동을 통해 자신에게 자유가 돌아왔음을 느낍니다. 그러고는 곧 '인간다움'을 회복해 갑니다.

사랑은 들음에서 시작하고 모심으로 완성됩니다

이해한다는 것은 하나의 필수적인 과정을 필요로 합니다. 바로 '들음'의 과정입니다. 심리상담가들은 누군가 자신의 말을 진심으로 듣고 있다는 것을 아는 것만으로도 환자에게 놀라운 치료 효과가 있다고 말합니다. 저명한 정신분석가 스캇 펙은 『그리고 저 너머에』에서 이렇게 말합니다.

> 잘 듣는다는 것은 다른 사람의 말에 최대한 집중해야 하며, 그것은 아주 넓은 의미에서 사랑의 표현이다. 잘 듣는 데 있어서 중요한 것은 자신을 괄호 밖에 두는 훈련, 자신의 선입견, 사고의 틀 그리고 욕망 등을 잠시 포기하거나 옆으로 밀쳐두는 일이다. 이것은 다른 사람의 입장이 되어 그의 세계를 가능한 한 많이 경험

하기 위해서 필요한 훈련이다. …
잘 듣는다는 것은, 곧 자신을 괄호 밖에 두는 것이기 때문에 일시적으로 다른 사람의 존재를 완전히 수용한다는 의미다. 이렇게 포용력을 느낄수록 말하는 사람은 차츰 상처받지 않을 것으로 안심하면서 자신의 깊은 내면의 세계를 더 활짝 열어 보이려고 할 것이다.

거칠게 말하면 오늘날 부모와 자녀의 관계가 파탄 난 원인은 부모가 아이에게 '귀 기울이지 않기' 때문입니다. 부모가 아이의 말을 듣지 않고 아이의 마음을 듣지 않는 한, 사랑의 관계로 회복되는 일은 불가능합니다.

물론 실타래처럼 엉켜 있는 아이들의 내면을 이해하는 일은 실로 어려운 일입니다. 차라리 이해하려고 노력하기보다 무작정 사랑하는 게 쉬울지도 모릅니다. 그러나 적지 않은 부모들이 그런 길을 택함으로써 아이를 멸망의 구렁텅이로 빠뜨립니다. 이해와 들음이 없는 섣부른 사랑은 어김없이 재앙이 되기 때문입니다.

꼭두각시 인생은 길어야 중2까지입니다

명우는 공부를 잘하지는 못했지만 학교생활만큼은 자타가 인정하는 모범생이었습니다. 예의 바르고 성실한 태도로 선생님들의 칭찬을 받던 명우가 3학년에 올라가 가출했다는 소식이 들렸습니다. 명우는 한 달이나 지나서야 학교로 돌아왔습니다. 담임선생님에게 들으니 명우가 가출할 만했다는 생각이 들 정도로 심각했습니다.

명우는 천성이 순종적인 아이여서 중학교 1학년 때까지 부모님이 시키는 대로 공부를 해 왔고, 성적도 상위권을 유지했습니다. 그러나 엄청난 학습량을 억지로 감당하는 건 길어야 1년 남짓이었습니다. 2학년이 되자 초등학교 3, 4학년 때부터 쌓여 온 학습 스트레스가 극에 달했습니다. 초등학교와 중학교는 질적으로 성격이 다릅니다. 초등학교 생활은 학습량도 많지 않을뿐더러 어느 정도의 자유가 보장되어 있습니다. 두발과 복장을 마음대로 할 수 있는 자유, 머리와 옷으로 개성을 표현할 수 있는 자유, 등수와 점수가 기록되어 있지 않은 성적표 덕에 '한 줄로 서기'로부터 벗어날 수 있는 자유가 그것입니다. 중학생이 된 명우는 그런 자유들이 박탈된 상태에서 학교와 학원을 오가며 감옥 같은 생활을 감내해야 했습니다. 명우는 중2가 되자 책만 봐도 구역질이 나고 현기증이 났다고 합니다.

하루하루 괴로운 나날을 견뎌야만 했던 명우는 속이 터질 듯한 고통을 느낄 때마다 손목에 문신을 새기곤 했습니다. 오죽 했으면 칼로 자해까지 했겠습니까. 그러면서도 학교에서만큼은 성실하고 반듯하게 생활했습니다. 그러다 3학년에 올라와서 아버지에게 큰 모욕을 당하고 백만 원을 훔쳐 가출을 했던 것입니다. 명우는 피시방과 찜질방, 공원 벤치를 전전하다가 2주 뒤 어머니에게 발견되어 집으로 끌려왔습니다. 학교로 돌아온 명우는 담임선생님에게 쓸쓸한 목소리로 이렇게 말했다고 합니다.

"집에서는 제 생각과 생활에 관심을 보이는 사람이 아무도 없어요. 아버지도 어머니도 형도 자기주장만 강요하고, 제 말은 하나도 들어 주지 않아요."

명우가 부모님에게 고통과 힘겨움을 토로하고 해결할 수 있는 길을 찾아보았더라면 어땠을까요? 명우에게는 사태의 심각성에 따라서 몇 달 학원을 완전히 끊고 푹 쉬거나, 공부량을 줄이고 잠 잘 시간을 늘리는 방법으로 에너지를 재충전할 기회가 주어져야 했습니다. 그러나 대개의 부모들처럼 명우의 부모님도 아들의 하소연과 괴로움을 들어 줄 마음의 여유가 없었습니다.

듣기 전과 들은 후의 아이는 다릅니다

2학기에 회장이 된 진수는 지나칠 정도로 착한 아이였습니다. 진수는 몸집이 왜소한 편이었고 공부도 뛰어나지 못했지만 항상 서글서글하게 웃는 얼굴로 회장 일을 무난히 해 나갔습니다. 그런 진수에게 몇 주 후 큰 위기가 찾아왔습니다.

그날은 아침독서 시간에 차를 마시는 날이었습니다. 교실로 들어가 보니 여느 때처럼 회장과 부회장이 아이들에게 차를 타 주고 있었습니다. 저를 본 진수가 웃으면서 말했습니다.

"선생님, 기창이가 코코아 한 개 더 가져갔어요."

저는 대수롭지 않게 웃어넘겼습니다. 1학기 부회장이었던 기창이는 뒤통수를 만지며 다소 멋쩍은 표정을 지었습니다.

그런데 그날 점심시간에 여학생 세 명이 주뼛거리며 교무실로 찾아왔습니다. 말을 해야 할지 말아야 할지 잠시 고민하던 찬정이가 결심을 한 듯 저에게 기창이에 대해 고자질을 했습니다. 제가 교실을 나간 후에 기창이가 진수의 가슴을 때리고 목을 조르며 죽여 버리겠다고 협박을 했다는 것입니다. 종례 시간에 조치하겠다고 알리고 일단 찬정이를 돌려보냈습니다.

종례 시간에 제가 넌지시 말했습니다.

"요즘에 교실에서 친구들을 괴롭히는 사람이 있는 것 같다. 곧 학교폭력에 대한 설문조사를 할 거야. 잘못한 게 있는 사람은 관계를 회복할 수 있도록 스스로 노력해라."

종례를 마친 후 복도를 걸어가는데 뒷문으로 따라 나온 찬정이가 다급히 속삭였습니다.

"선생님, 기창이가 맞짱 뜨자며 진수를 못 나가게 해요."

"알았어. 넌 일단 들어가 있어."

저는 대여섯 걸음 더 걸어가다가 발길을 돌려 교실 뒷문으로 들어갔습니다. 남학생들이 기창이와 진수를 빙 둘러싸고 있었습니다. 진수의 얼굴은 하얗게 질려 있었습니다.

"너희들 거기서 뭐하는 거야?"

제 목소리를 들은 남학생들이 책가방을 챙겨 들기 시작했습니다. 재미난 구경거리를 기대하며 침을 흘리던 녀석들은 사자를 본 하이에나처럼 총총히 교실을 빠져나갔습니다. 기창이를 교무실로 데리고 가서 오랫동안 대화를 나누었습니다.

"기창아! 선생님은 네가 진수한테 왜 그랬는지 잘 이해가 안 돼. 코코아는 한 번쯤 가져갈 수 있는 일이라서 선생님도 웃으면서 넘어가 줬잖아. 그게 주먹으로 가슴을 때리고 힘없는 애한테 맞짱을 뜨자고 할 일이야?"

기창이는 고개를 푹 숙인 채 아무 대답도 하지 못했습니다.

얘기를 들어 보니 기창이의 아버지는 덩치도 크고 잘못하면 손찌검을 하는 분이었습니다. 기창이는 아버지로부터 매일 강압적인 공부 지도를 받고 있었습니다. 배움이 짧은 그의 아버지는 회사에서 회식도 거의 하지 않은 채 아들의 공부에 목숨을 걸고 있었습니다. 기창이는 아버지가 자신을 위해 희생을 하고 있다는 걸 알았기 때문에 묵묵히 따르고 있었습니다.

기창이의 삶이 어떠한지 '듣고' 나자 기창이를 바라보는 제 시선이 180도 달라졌습니다. '듣기 전'의 기창이는 힘없는 아이를 찍어 누르는 폭군 같은 아이였습니다. 그러나 '들은 후'의 기창이는 폭군 아버지에게 방과 후의 자유를 박탈당한 한없이 안쓰러운 아이였습니다. 그런 제 감정은 고스란히 기창이에게 전해졌습니다. 사람 사이의 관계가 신비로운 건 그런 감정이 저절로 전해진다는 것입니다. 기창이는 제가 부탁한 대로 며칠 후 진수에게 사과를 하고 전처럼 스스럼없이 지냈습니다.

모심으로 완성되는 사랑, 그리고 성장

저와 기창이의 관계가 호의적으로 바뀔 수 있었던 것은 제가 기창이의 말을 '듣고' 그의 아픔을 제 마음으로 '모셨기' 때문에 가능한 일이었습니다. 이렇게 참된 들음은 모심으로 완성됩니다.

한비야는 참된 '모심'의 사람입니다. 오지 여행가의 삶을 마감하고 월드비전 긴급구호팀의 새내기가 된 그녀는 아프가니스탄에서 첫 번째 구호 활동을 시작했습니다. 아프가니스탄의 헤라트 본부에 도착해서는 기라성 같은 활동가들을 보고 잔뜩 주눅이 들었습니다. 경험이 부족한 자신이 팀 전체에 해가 되지 않을까 하는 두려움이 밀어닥쳤기 때문입니다. 그러나 7년간 오지에서 산전수전을 겪은 사람답게 그녀는 곧 마음을 바꿔 먹습니다.

'그래, 태어날 때부터 전문가인 사람이 어디 있어? 독수리도 기는 법부터 배우지 않나? 처음이니까 모르는 것도 많고 실수도 많을 거야. 모르는 건 물어보면 되고 실수하면 다시는 같은 실수를 하지 않도록 하면 되는 거야.'

이 결심은 그녀가 세계적인 활동가들에게 일을 배우고 팀워크를 쌓아 가는 일에 큰 역할을 합니다. 한비야는 40대 초반이라는 나이를 잊고 모든 사람들을 자신의 스승으로 모시고 배움을 청했습니다. 그녀는 모르는 것을 어쭙잖게 아는 척하는 것이야말로 망하는 지름길이라는 사실을 명심하고 팀원들에게 용기를 내서 물었습니다.

잠시 귀찮은 표정을 짓던 활동가들도 그녀의 진심과 열정이 담긴 얼굴을 보고 다시 자세히 가르쳐 주었습니다. 나이나 지위를 막론하고 타인을 귀하게 모셨던 한비야의 진심은 곧 통했습니다. 그녀는 점차 소금처럼 스며들어서 구호팀에서 없어서는 안 될 존재로 자리매김했습니다.

구호팀에서 '사랑하고 사랑받는 관계'가 되는 것은 대단히 중요하다고 합니다. 서로 신뢰하지 못하고 사랑하지 않는 사람들이 고통당하는 사람들에게 조건 없는 사랑을 베풀기 어렵기 때문입니다.

　한비야는 자신에게 사랑의 충고를 해 주었던 로즈를 잊지 못한다고 고백합니다. 로즈는 재난 현장에서 15년째 헌신해 온 50대 흑인 여성으로, 케냐의 고위 외교관 부인이었습니다. 어느 날 로즈가 한비야를 꼭 껴안은 후에 두 가지 조언을 해 주었습니다.

　재난 현장에서 비참한 광경을 목격했을 때 주민들 앞에서 너무 놀라거나 울면 현장 활동에 지장을 줄 수 있다는 것과 식량 배분 계획이 없는 곳을 방문했을 때 식량을 가져다 줄 거라고 오해할 수 있는 행동이나 말을 하면 안 된다는 것이었습니다. 그들에게 헛된 희망을 줄 수 있다는 게 그 이유였습니다.

　한비야는 자신의 감상적인 성격과 분별없는 동정심에 따끔한 일침을 가해 준 로즈에게 깊은 감사를 느꼈습니다. 세상은 한비야처럼 타인을 모시고 성장하는 사람들에 의해서 점점 더 살만한 곳으로 진화해 갑니다. 타인에게 귀를 기울이고 그들을 마음으로 모시는 사람들이 사는 사회는 사랑이 강물처럼 흐르는 곳이 될 것입니다.

　어느 철학자는 말했습니다. "세상에서 가장 위대한 혁명은 아이를 애정이 깃든 존재로 자라게 하는 것이다." 전적으로 공감이 가는 말입니다. 진정 그보다 더 위대한 혁명은 없을 것입니다. 그 혁명의 가장 쉽고도 어려운 방법이 '지금 이곳에서' 아이의 말을 들어 주는 것입니다.

인간은 '사랑의 빚'으로만 변합니다

인간은 과연 변하는 존재일까요?

이 질문은 교육의 오랜 화두이자 사람들이 모여 사는 모든 사회에서 제기되는 화두일 것입니다. 심리학자들은 사람은 거의 변하지 않는다고 말합니다. 많이 변해야 5퍼센트 정도인데, 그것도 아주 드문 경우라고 합니다. 어느 영화에서 본 장면입니다. 정신분석을 받던 환자가 "왜 치유될 가능성도 없는데 이 일을 하느냐"고 묻자, 상담의가 엷은 미소를 지으며 대답합니다.

"내 상담을 받다가 치유되는 사람도 있기 때문이에요."

정신분석가 스캇 펙은 "환자들이 어떻게 정신이상이 됐는지는 알 수 있지만, 정신이상이던 환자가 어떻게 치유되는지는 알 수 없다"고 말합니다. 그는 환자가 거대한 상처를 극복하고 온전하게 치유되는 것을 '은총'이라는 말로 표현합니다. 도저히 이길 수 없을 것 같았던 괴물과의 싸움에서 승리하는 것은 늘 기적처럼 찾아오는 일이기 때문입니다.

빚진 마음은 언젠가 갚고 싶게 합니다

행동의 변화에 대해서 저에게 가장 큰 도전을 준 아이는 앞서 언급한 준수였습니다. '과연 과잉행동장애를 갖고 있는 준수도 변할 수 있을까?' 준수의 변화를 기대하지만 그에게 변화를 요구할 수는 없습니다. 그건 과잉행동장애를 갖고 있느냐와 상관없이 모든 아이들에게 해당되는 것이기도 합니다.

저는 가능한 한 준수와 자주 밥을 먹었습니다. 밥 먹는 횟수가 늘면서 조금씩 친밀감도 생겼습니다. 일주일에 한 번씩 꾸준히 대화했던 것도 무사히 한 학기를 마칠 수 있게 한 원동력이었습니다.

그런데 2학기가 되면서 준수를 잡아 주던 관계가 하나, 둘 흐트러지기 시작했습니다. 준수에게 가장 큰 상실은 유일하게 친구가 되어 주었던 성진이가 전학을 간 것이었습니다. 쉬는 시간과 점심시간에 말상대가 되어 주던 성진이가 떠나자, 준수는 다른 아이들에게 말을 걸고 장난을 쳤습니다. 그러나 그들은 스펀지처럼 준수를 받아 주던 성진이가 아니었기에 자주 갈등과 마찰을 일으켰습니다. 준수는 2학기부터 의욕적으로 제빵학원에 다니기 시작했습니다. 그로 인해 상담을 할 수 없게 된 것도 과잉행동을 제어하기 어렵게 만들었습니다.

근근이 학교생활을 이어 가던 준수는 10월 말에 도저히 묵과할 수 없는 사건을 저질렀습니다. 점심시간에 여학생들이 찾아와서 제게 하소연을 했습니다.

"선생님, 준수가 하지 말라고 해도 계속 제 목을 감싸고 머리를 만져요."

"오늘 영어시간에 신문지 뭉치로 제 머리를 막 때렸어요."

"준수가 귀엽다면서 지수 볼을 손으로 비비고 문질러요."

작년 담임선생님에게 말로만 들었던 '성추행'이었습니다. 수업 후 준수를 교실에 남겨 크게 혼을 냈습니다. 준수는 처음에 그런 행동을 한 적이 없다며 부인했습니다. 제가 다음 날 설문조사를 하겠다고 하자 이성을 잃은 얼굴로 소리를 질렀습니다.

"설문조사하면 애들이 여자애들 편만 들어 준단 말이에요. 내가 당한 건 아무도 안 써 주는데, 선생님은 걔네들 말만 믿을 거잖아요. 나, 학교 안 다닐 거예요!"

짐승처럼 울부짖던 준수는 그 길로 가방을 들고 교실을 떠나 버렸습니다. 그러나 녀석은 10분 만에 교무실로 다시 찾아왔습니다. 제게 연락을 받은 어머니에게 호통을 듣고 잘못을 빌러 온 것이었습니다. 기가 잔뜩 죽은 얼굴로 다가온 준수가 갑자기 무릎을 꿇으며 말했습니다.

"엄마가 무릎 꿇고 빌래요."

저는 준수를 일으켜 세우고 차분히 대화를 나눴습니다. 준수에게 여학생을 때리는 것과 만지는 것은 교실에서 용서받을 수 없는 행동이라는 걸 거듭 인식시켜 주고 돌려보냈습니다.

그 뒤에도 준수는 여학생, 남학생 가리지 않고 갈등을 일으켰습니다. 준수와 관련된 사건이 터질 때마다 제가 중점적으로 했던 조치는 약자인 준수의 입장에서 사건을 해결하는 것이었습니다. 그로 인해 "담임선생님은 항상 준수 편만 든다"는 말이 나돌 정도였습니다.

그렇게 살얼음을 걷듯 10월이 지나가고 11월 중순이 되었습니다. 빼빼로데이였던 11일 아침에 회장 영우 어머니가 반 전체에 빼빼로를 돌렸습니다. 영우가 선생님 몫이라며 제게도 빼빼로 한 통을 가져다 주었습니다. 저는 그것을 아침에 부회장 예원이가 주었던 빼빼로 위에 올려놓았습니다. 그때까지만 해도 그 빼빼로 두 통을 요긴하게 쓰게 될 줄은 몰랐습니다.

그날 종례하러 교실로 올라가 보니 준수가 눈물을 글썽이며 문 앞에서 저를 기다리고 있었습니다.

"5교시 쉬는 시간에 화장실에 갔다 와 보니까 제 빼빼로 4개가 없어졌어요."

제가 웃으면서 말했습니다.

"선생님 자리에 가면 빼빼로 2통 있어. 그중에 네가 받은 거하고 똑같은 게 있으니까 그거 가져가. 그러면 되겠지?"

준수는 제 말을 조금 헷갈려하며 교무실로 내려갔습니다.

종례와 청소 지도를 마치고 교무실로 내려와 보니 빼빼로 2통이 모두 사라지고 없었습니다. 저는 수지맞았다며 좋아했을 준수의 얼굴이 떠올라 웃음이 났습니다. 그날 퇴근 무렵에 놀랍게도 준수로부터 문자가 왔습니다.

'고맙습니다, 항상.'

준수의 복잡한 마음이 담겨 있는 문자였습니다. 선생님이 기꺼이 빼빼로를 준 것에 대한 고마움과 2개를 다 가져간 것에 대한 미안함이 고스란히 느껴지는 글이었습니다. 준수에게 곧 답장을 보냈습니다.

'나도 준수가 조금씩 나아지는 것과 약속한 걸 잘 지켜 주는 것이 참 고맙다.'

며칠 후 준수는 또 다른 모습으로 제게 감동을 안겨 주었습니다. 토요일 자치활동 시간에 초코파이를 하나씩 나눠 주고 영화를 보게 했습니다. 회장과 부회장조차 초코파이 먹기에만 바빴는데, 준수가 벌떡 일어나 아이들이 먹고 남긴 껍질과 종이상자를 비닐봉지에 담았습니다. 그 모습을 보던 예원이가 짝에게 "준수가 저렇게 멋질 때도 있네"라며 속삭이는 게 들렸습니다. 자발적으로 봉사하는 준수의 모습은 회장 저리 가라 할 정도로 의젓하고 반듯했습니다. 문제는 그런 모습이 아주 드물게 나타난다는 것이었고, 쉬는 시간이 되면 언제 그랬느냐는 듯 친구들을 못살게 군다는 것이었지만 말입니다.

사랑의 빚 외에는 지지 마십시오

저는 사랑의 빚 외에는 지지 말라는 성서 구절을 읽을 때마다 이런 의문을 갖곤 했습니다. '사랑의 빚이라도 빚이면 갚아야 하는 거 아닌가?' 그러다 어느 순간 이런 깨달음을 얻었습니다.

'사랑의 빚 외에는 지지 말라는 말은 사랑 이외의 다른 것들은 거저 주라는 말이다. 돈이나 물건, 음식 같은 것들은 빚이 되지 않게 그냥 주라는…. 그래서 사랑의 빚만 남게 하라는 뜻이다. 왜냐하면 사람은 사랑을 빚진 마음으로만 변하기 때문이다.'

감동을 안겨 주는 소설이나 영화에는 반드시 등장하는 인물이 있는데, 바로 사랑의 빚을 자꾸 지우는 존재입니다. 주인공은 자신에게 자꾸만 사랑을 주는 누군가에게 계속 빚진 마음을 갖게 됩니다. 그 사랑의 빚은 계속 그의 마음을 건드립니다. 그러다 어느 순간 처마를 무너뜨리는 눈처럼 마음의 장벽을 허물어뜨리지요.

스캇 펙의 말처럼 모든 변화는 기적이고 은총입니다. 사랑의 빚이 쌓이고 쌓여서 임계점에 이르렀을 때, 핵폭발이 일어나듯이 변화가 찾아오는 것입니다. 어머니가 아기에게 주듯이 거저 주는 사람만이 변화의 씨앗을 잉태합니다.

오늘날 학교에서 마주치는 아이들은 대부분 에너지가 고갈되어 있는 아이들입니다. 약한 아이를 짓밟고 교사에게 대들고 부모에게 욕을 하는 건 마음이 너무 허기졌기 때문입니다. 사람의 에너지는 크게 이성의 에너지와 감성의 에너지로 나뉜다고 합니다. 이것은 머리의 에너지와 몸의 에너지이기도 합니다. 이성머리과 감성몸의 에너지는 조화를 이뤄야 하는데, 아이들의 삶을 조금만 들여다봐도 그럴 수 없다는 걸 알게 됩니다. 예닐곱 살부터 영어와 수학 공부로 머리만을 사용해 온 아이들은 10대가 되면 심각한 에너지 불균형 상태에 이르게 됩니다.

그러나 감성몸의 에너지를 적절히 사용해 준 아이는 다릅니다.

감성몸의 에너지를 사용하는 동안 이성머리의 에너지가 충분히 회복되기 때문이지요. 재충전할 기회를 얻지 못한 채 이성만을 사용해 온 아이들은 반드시 에너지가 고갈되는 순간을 맞습니다. 예전엔 중학교 2학년이 절정이었지만 요즘은 초등학교 5, 6학년만 되도 세상을 다 산 것처럼 지친 아이들로 넘쳐 납니다.

에너지가 고갈되면 찾아오는 증상이 폭력성과 우울증입니다. 채워지지 않는 허기는 타인과 자신을 파괴하는 행동을 낳습니다. 거기서 더 깊어지면 자살에 이르게 되는 것이지요.

그러기 전에 사랑으로 그들을 채워 주어야 합니다. 사랑의 빛이 영혼의 허기를 채울 때까지, 미움을 녹이고 사랑을 싹 틔울 때까지 주고 또 주어야 합니다.

믿어 주는 것은 빚을 쌓는 일입니다

같은 잘못을 저지르고 변화가 더디더라도 믿어 줄 때, 때로는 알고도 속아 줄 때 아이들은 마음의 문을 엽니다. 그 횟수가 더해지고 농도가 짙어질 때 변화는 오게 된다는 것을 저는 여러 번 경험했습니다. 이 사실은 고 장영희 교수를 통해서도 확인할 수 있습니다.

장영희는 어린 시절에 소아마비에 걸려 평생 목발을 짚으며 생활했습니다.

장애인은 대학에 들어갈 엄두조차 낼 수 없었던 1970년대에 서강대에 들어간 그녀는 뉴욕주립대에서 7년 만에 학위를 따고 돌아와 모교의 영문과 교수가 되었습니다. 그녀는 크고 선한 눈을 가진 사람답게 사람을 잘 믿었고, 그랬기에 잘 속는 사람이었습니다. 한번은 그녀의 연구실로 청각장애인이 찾아와서 노트를 내밀었습니다.

'최근에 일자리를 잃었고, 아이가 백혈병에 걸려서….'

장영희는 주저 없이 만 원을 꺼내 주었습니다. 청각장애인이 나가자마자 옆에 있던 조교가 속은 것 같다고 말했습니다. 일부러 열쇠를 떨어뜨려 봤더니, 그 사람의 눈동자가 소리 나는 쪽으로 움직였다는 것입니다.

사람을 잘 믿는 그녀에게 그런 일은 셀 수 없이 많았습니다. 지나가던 차에 타고 있던 청년으로부터 굴비가 78만 원짜리인데, 8만 원에 사라는 말을 듣고 덥석 샀다가 집에 와서 중국산 부세라는 걸 알게 된 적도 있었습니다.

하지만 늘 속기만 한 것은 아니었습니다. 어느 추운 저녁에 발을 동동 구르며 택시를 기다리던 날이었습니다. 사람을 태우고 있던 택시가 멈춰 섰습니다. 손님을 내려드리고 금방 올 테니까 기다리라는 말을 남기고 운전사는 다시 떠났습니다. 그녀가 들고 있던 목발을 보고 배려하려는 마음인 듯했습니다. 장영희는 곧 다른 택시가 왔지만 그 택시를 기다리기 위해 그냥 보냈습니다. 그러나 그 택시는 10분이 넘도록 오지 않았습니다. 매서운 추위에 벌벌 떨다가 발걸음을 돌리던 순간 그 택시가 15분 만에 돌아왔습니다. 얼음 구덩이에 빠졌다가 나오느라 늦었다며 사과를 하는 젊은 운전사에게 그녀가 궁금해하며 물었습니다.

"왜 내가 기다릴 거라고 생각했어요?"

그가 확신에 찬 얼굴로 대답했습니다.

"얼굴을 보니 그렇게 생기셨어요. 의리 있게 생기셨다고요."

장영희는 알고도 속아 주는 사람이었고, 속더라도 믿어 주는 사람이었습니다. 택시 기사가 돌아온 것은 그만큼 큰 믿음의 빚을 졌기 때문이 아니었을까요? 다른 손님을 마다하고 약속 장소로 차를 몰고 오게 할 만큼 그녀의 큰 눈에는 의심 없는 믿음이 담겨 있었을 것입니다. 이런 스승 밑에서 배운 제자들은 스승이 존경스러웠을까요, 딱했을까요? 딱하다고 여긴 제자들도 있었을 것입니다. 저는 일부 제자들이 딱하다 여길지라도 장영희처럼 사람을 대책 없이 믿어 주는 선생님들이 많아졌으면 좋겠습니다.

베푸는 것은 빚을 쌓는 일입니다

장기려는 한국전쟁 때 복음의원을 세우고 가난한 사람들을 무료로 치료했던 의사입니다. 사람들은 그를 '바보 성자' 또는 '마음까지 고쳐 준 의사'로 불렀습니다.

장기려는 고등학교 시절 전 인격을 예수 그리스도에게 바치고 가난한 사람들에게 무료로 의술을 베푸는 삶을 살기로 서약합니다. 그 이후 60여 년 동안 그의 삶은 서약을 온몸으로 이루어 가는 과정이었습니다.

믿음과 신념이 강했던 장기려에게는 생명을 위협하는 위기가 많았습니다. 김일성의과대학에서 장기려는 수술하기 전에 기도를 해서 일부 공산당원들에게 눈엣가시처럼 미움을 받았습니다.

그러나 그를 모함하여 숙청하려고 접근했던 어느 당원이 찢어지게 가난하게 사는 그의 삶을 보고 크게 감화를 받아 위기를 넘길 수 있었습니다. 장기려는 거지를 보면 겉옷을 벗어 주길 잘 했고, 수시로 그들을 집으로 데려와 겸상을 했습니다. 그로 인해 그의 아내는 굶기를 밥 먹듯 해야 했다고 합니다.

그보다 더 놀라운 것은 그가 둘째 아들과 월남한 이후에도 남은 가족들이 모두 무사했을 뿐만 아니라 자녀들 모두 김일성대학을 나와서 북한의 엘리트가 되었다는 사실입니다. 김일성이 자신의 호의를 배신하고 남한으로 내려가 버린 장기려의 가족을 숙청하지 않은 이유는 무엇이었을까요? 장기려의 청빈과 헌신에 대한 경외감이 아니었다면 불가능한 일이었을 것입니다. 생전에 김일성은 북한에 자신의 혹 수술을 믿고 맡길 의사가 없다고 한탄하면서 장기려가 있었다면 수술을 했을 거라며 아쉬워했다고 합니다.

1960년 부산대에서 총장 선거를 할 때 장기려는 정부가 밀던 후보에게 유일하게 반대표를 던졌습니다. 자유 투표는 그가 민주국가로 월남을 결심하게 한 결정적 이유였습니다. 당시는 공산주의자로 몰리면 바로 사형을 당하는 자유당 시기였기 때문에 그것은 목숨을 건 행위였습니다. 그러나 장기려를 조사하던 수사기관은 그가 개인 돈으로 거액의 의료 기계를 사서 병원에 기부한 사실을 알고는 그를 공산주의자로 몰아붙일 수 없다는 결론을 내렸다고 합니다.

장기려는 전두환이 광주 의거를 학살로 진압하고 무고한 사람들을 삼청교육대로 잡아넣던 엄혹한 시절에도 대통령과의 만남을 거부한 일화로 유명합니다. 부산을 방문했던 전두환은 장기려를 보사부장관으로 발탁하고자 갑작스레 사람을 보내 저녁식사에 그를 초대했습니다. 그때 장기려는 주례를 맡기로 한 신랑, 신부와 선약이 있어 갈 수 없다고 대답함으로써 그들로 하여금 할 말을 잃게 만들었습니다.

장기려는 '자비를 베푸는 사람은 자비를 받는다'는 진리를 삶으로 구현한 이였습니다. 체제와 권력층에 순응하지 않고도 무사할 수 있었던 것은 그가 거저 주는 사람이었기 때문입니다.

우리도 이들처럼 믿어 주고 속아 주고 거저 주면서, 지친 아이들을 기다려 주어야 합니다. 그럴 때 그 사랑의 빛 아래서 사람다운 사람으로 변화되는 아이들의 모습을 발견하게 될 것입니다. 이것이 우리 교육의 목표이자 방향이 되어야 할 것입니다.

참된 사랑은 살아가는 의미를 깨닫게 합니다

어느 날 조르주라는 남자가 피에르 신부를 찾아왔습니다. 그는 부친을 살해한 전력과 극심한 가정불화로 자살을 기도했던 사람이었습니다. 피에르 신부는 조르주에게 집 없는 어머니들을 위해 집 짓는 일을 도와달라고 했습니다.

조르주는 그러겠다고 대답하고 틈틈이 짬을 내서 나무판자를 나르며 집 짓는 일에 보탬을 주었습니다. 그러면서 조금씩 자신보다 더 불행한 사람들을 도우며 사는 사람이 되어 갔습니다. 나중에 조르주는 피에르 신부님이 돈이나 집이나 일자리를 주었더라면 아마도 다시 자살을 시도했을 거라고 했습니다. 자신에게 필요한 것은 살아갈 방편이 아니라 살아야 할 이유였기 때문이라는 것이었습니다.

피에르 신부는, 소망은 수천 가지일 수 있지만 희망은 단 하나뿐이라고 말합니다. 그 하나의 희망은 바로 '삶에 의미가 있다고 믿는 것'입니다.

우리 아이들의 삶이 이토록 처참하게 무너진 것도 그들이 살아갈 이유를 찾지 못했기 때문입니다. 물론 아이들도 여러 가지 소망을 갖고 삽니다. 휴대전화를 최신형으로 바꾸기를 바라고, 멋진 이성 친구가 생기기를 바라고, 기말고사에서 평균이 10점 오르기를 소망합니다. 그러나 그들에게는 '단 하나인 희망'이 없습니다. 학교와 학원과 집을 오가는 이 삶에 의미가 있을 거라는 희망을 잃었습니다. 그들은 그저 하루하루 연명하듯 학교와 학원 생활을 버티고 있는 것입니다. 해가 갈수록 더 무기력하고 우울해지면서 말입니다.

아이들의 이야기에 의미 부여해 주기

앞서 "인간은 서사적 존재이며, 이야기는 그 사람 자체다"라는 매킨타이어의 말을 소개한 적이 있습니다. 과연 그 사람의 이야기는 그 사람 자체가 될 수 있을까요? 이런 상황을 상상해 보는 건 어떻습니까? 한 아이가 있습니다. 집에서도 학교에서도 별문제 없이 건강하게 지내던 남자아이입니다. 어느 날 그 아이에게 이런 일이 일어납니다. 집에서 이야기를 하는데 아무도 들어주는 사람이 없습니다. 어머니마저 이상합니다. 배고프다고 하면 밥은 주는데, 내가 하는 이야기에는 귀를 기울이지 않습니다. 그는 심각한 외로움을 느낍니다. 그런데 학교에서도 똑같은 일이 벌어집니다. 갑자기 그의 이야기를 들어 주는 친구가 한 명도 없습니다. 절친조차도 그의 말에 아무 관심이 없습니다. 외로움이 더해져 견딜 수 없는 상태에 이릅니다. 급기야 거리로 뛰쳐나가 만나는 사람에게 이야기를 해 봅니다. 그러나 생면부지의 사람들이 이야기를 들어 줄 리 만무합니다. 아무나 붙잡고 자신의 이야기를 해 보지만 누구도 들어 주지 않는 세상, 상상만으로도 너무 끔찍하지 않습니까? 그것은 존재하지만 존재가 지워진 것과 다르지 않을 것입니다.

'아이들의 이야기'에 의미를 부여해 주는 것은 그들의 존재에 의미를 부여해 주는 것과 같습니다. 저는 교실에서 일어나는 충돌들을 경험하면서 아이들이 가장 원하는 것은 '자신의 이야기가 의미를 갖는 것'이라는 걸 알게 됐습니다. 과잉행동장애를 갖고 있는 준수도 다르지 않았습니다.

2학기 기말고사가 끝난 교실은 장터의 파장 분위기와 그리 다르지 않습니다. 4개월 동안 전력을 다해서 달려온 아이들은 마지막 힘까지 짜내 기말고사를 치른 뒤 허탈해하거나 기진맥진해 있었습니다. 성추행 위기를 무사히 넘기고 조신하게 지내는 듯했던 준수가 시험이 끝난 다음 주에 여학생을 때리는 사고를 저질렀습니다.

준수에게 맞은 아이는 해인이었습니다. 해인이의 친구인 선영이도 사건과 관계가 있어서 종례 후 3명을 남겨 한 시간가량 각자의 이야기를 들어 주었습니다. 저는 세 명의 이야기를 종합하여 이런 새 이야기를 만들었습니다.

'해인이와 선영이는 점심시간에 준수가 이어폰을 꽂은 채 크게 노래를 부를 때마다 다른 사람에게 피해를 주지 말라고 구박했다. 준수는 평소에 해인이와 선영이가 쉬는 시간에 자신을 놀려서 기분이 좋지 않았다. 수학시간마다 준수가 심하게 수업을 방해하여 해인이와 선영이가 조용히 하라고 준수에게 소리를 질렀다.

사건 당일 선영이는 해인이에게 물총 장난을 하다가 준수에게 쏘았다. 준수는 선영이가 자신에게 사과를 하지 않은 것이 기분 나빴다. 선영이는 준수가 물총에 맞은 걸 몰랐다.

그날 수학시간에 수업을 방해하는 준수를 해인이가 심하게 비난했다. 쉬는 시간에 준수가 발을 걸어 해인이가 넘어질 뻔했다. 그날 점심시간에 준수가 노래를 부르지도 않았는데 해인이와 선영이가 준수를 구박하며 놀렸다. 복도에서 해인이에게 왜 자꾸 놀리느냐며 따지던 준수가 말발이 딸리자 해인이의 머리를 잡고 관자놀이 부분을 때렸다.'

아이들은 자신의 이야기가 선생님에게 충분히 전달되었다고 느꼈을 때, '의미가 부여됐다'고 판단합니다. 그러고 나면 신기한 일이 일어납니다. 자신의 이야기가 의미를 획득했다는 사실만으로도 아이들의 가슴속에 가득했던 분노와 불만이 스르르 빠져나가는 것입니다. 그다음에 교사가 종합한 이야기를 들려주면 대부분 자신의 행동을 객관적으로 판단하게 됩니다. 소위 '객관화'가 가능해지는 것입니다.

제가 종합한 이야기를 듣고 난 선영이는 일단 준수에게 물을 뿌린 것에 대해 사과했습니다. 준수도 해인이를 때린 것을 매우 미안해하며 사과했습니다. 마무리로 자신과 상대방의 잘못을 수치로 말해 보라고 하면 아이들은 대개 객관적으로 대답합니다. 해인이와 선영이는 40대 60으로 준수가 조금 더 잘못한 것으로 대답했고, 준수는 똑같은 50대 50이라고 대답했습니다. 제가 해인이에게 말했습니다.

"이건 폭력이 일어난 사건이기 때문에, 해인이가 부모님 다 모셔 놓고 준수에게 사과를 받기 원한다면 그렇게 하게 해 줄 거야. 그렇게 되면 양쪽의 잘못을 다 조사할 수밖에 없을 거고, 준수가 3일 독서지도를 받게 되면 넌 2일 정도 받게 되겠지. 어떻게 할래? 오늘 준수의 사과를 받아들이고 용서해 줄래, 부모님 다 모셔 오게 할래?"

해인이는 대답을 하지 못한 채 한참 망설였습니다.

"그럼, 집에 가서 잘 생각해 보고 내일 선생님한테 얘기해 줘."

다음 날 해인이는 그냥 용서해 주겠다고 했습니다. 자신도 준수에게 잘못한 일이 있었기 때문에 부모님들이 모이면 복잡해질 거라고 생각한 모양이었습니다. 그렇게 마지막 고비를 넘기고 준수는 무사히 2학년을 마칠 수 있었습니다. 저는 그해 학급 문집에 준수에 대해 이런 글을 썼습니다.

돌이켜 보면 우리 반에서 가장 중요한 '관계'는 준수와의 관계였다. 먼저 준수를 비롯한 모든 사람들에게 '크고 작은 어려움들이 있었지만, 그럼에도 불구하고 원만한 관계'를 맺어 준 것에 대해서 깊은 고마움을 전한다. 다른 반 선생님들이 우리 반은 관계가 친밀하고 서로 존중해 준다고 말한다. 아마도 준수와의 관계가 무너졌다면, 그런 관계가 가능할 수 없었을 것이다. 특히 준수와 좋은 관계를 맺어 주었던 대운과 승환, 진수에게 뜨거운 칭찬의 마음을 보낸다. 1학기에 더없이 좋은 친구가 되어 주었던 성진에게도.

1학년 때 준수와 같은 반이었던 대운이와 승환이의 말에 따르면 준수가 1학년 때보다 2학년 때 더 좋아졌다고 한다. 내년에는 2학년 때보다 훨씬 좋아진 준수가 되어 주리라 믿는다.

살아갈 의미를 깨닫게 해 주는 음악 공동체

베네수엘라의 '엘 시스테마'는 세계적으로 주목을 받고 있는 음악 공동체입니다. 엘 시스테마는 오케스트라 연주를 배우고 싶어 하는 베네수엘라의 아이는 누구나 무료로 배울 수 있는 '어린이 및 청소년 오케스트라 시스템'입니다. 오케스트라가 일부 부유한 사람들만 접하는 문화라는 고정관념을 혁명적으로 전복시킨 것입니다.

『엘 시스테마, 꿈을 연주하다』를 보면 1975년에 이 프로그램을 창안한 호세 안토니오 아브레우 박사는 30여 년 동안 헌신적인 노력으로 베네수엘라에만 500여 개의 오케스트라를 탄생시켰습니다. 경제학자이자 음악가인 그는 가난보다 더 비참한 것이 있다는 사실에 먼저 주목해야 한다고 말합니다.

가난과 관련하여 가장 비극적인 것은 일용할 양식이나 거처할 공간이 부족한 것이 아니라 스스로가 아무것도 아니라는 느낌, 아무것도 안 될 거라는 느낌이라는 것이지요.

아브레우 박사는 가난과 폭력, 마약에 무방비로 노출되어 있던 베네수엘라의 아이들에게 음악을 통해서 '존재의 기쁨'과 '살아가야 하는 이유'를 깨닫게 해 주었습니다.

엘 시스테마가 아이들에게 제공하고자 하는 핵심 가치는 크게 두 가지입니다. 하나는 공동체 속에서 클래식 연주를 배우며 건강한 소속감을 갖게 하는 것이고, 다른 하나는 오케스트라 협연이라는 고난이도 과제에 도전함으로써 '성취하는 능력'을 경험케 하는 것입니다.

현재 베네수엘라에는 25개 주에 221개의 오케스트라 지역 센터가 있습니다. 30여 년 동안 그 센터들을 통해서 30만 명에 이르는 어린이와 청소년들이 무료로 악기를 받고 연주하는 법을 배웠습니다. 물론 엘 시스테마에 들어온 아이들이 모두 음악가가 되는 것은 아닙니다. 그러나 분명한 것은 아이들이 엘 시스테마라는 조직 속에서 스스로가 소중한 존재라는 사실을 자각하고 미래를 꿈꾸기 시작한다는 것입니다. 음악가의 길을 가지 않는 아이들에게는 악기 제작이나 행정 분야 등 500여 개 오케스트라를 돌보고 지원하는 다양한 직업이 열려 있습니다.

엘 시스테마 조직의 가장 큰 특성은 '주기Giving'입니다. 유소년 오케스트라에 들어온 네 살 정도의 아이들은 악기를 만지지 않고 리듬에 맞춰 몸을 움직이는 법을 먼저 배웁니다. 악기를 연주하기 위해서는 몸에 밴 리듬 감각이 필수적이기 때문이지요. 춤을 추듯 또래와 어울리는 동안 '음악은 함께 노는 즐거운 활동'이라고 인식하게 됩니다. 다섯 살이 되면 리코더나 타악기 중에서 악기를 선택하고 합창단 활동도 시작합니다. 이들은 악기 연주를 처음부터 개인이 아닌 그룹으로 배운다고 합니다. 자신보다 수준이 높은 연주자 옆에서 함께 연습을 하는 것입니다. 이 방법은 건강한 동기를 유발하여 3년이 걸릴 과정을 1년 안에 배우게 한다고 합니다.

엘 시스테마에서는 열네 살 아이가 열한 살 아이를, 열한 살 아이가 여덟 살 아이를 가르칩니다. 이를 통해 아이들은 공동체 안에서 배우는 동시에 가르치며 함께 성장합니다. 엘 시스테마 시스템을 통해서 최상의 혜택을 받은 사람들은 다시 각 지역 센터로 흩어져서 즐거움과 사명감으로 후배들을 가르치는 음악교사가 됩니다.

아이들은 오케스트라 활동을 통해서 새로운 감각 세계를 경험할 뿐만 아니라 규율과 질서에 대해 자발적으로 존중하는 능력을 기릅니다. 수백 명의 아이들이 활동하는 센터를 운영하는 교사와 스태프들은 강요하지 않으며 차분히 설명합니다. 엘 시스테마에서 지휘자는 아버지, 연주자들은 형제자매, 스태프는 어머니가 됩니다. 아이들은 그 속에서 연주 프로젝트를 진행하며 높은 이상을 가진 새로운 가족을 체험합니다.

오케스트라 활동은 가난과 범죄 속에서 가슴에 분노를 키워 온 아이들에게 기적의 치료약이 됩니다. 아이들은 엘 시스테마에서 더 이상 고립감을 느끼지 않습니다. 또한 성취 가능한 목표를 향해 연주에 몰두함으로써 자기 삶의 '의미'를 얻게 됩니다. 이러한 문화적 삶은 아이들로 하여금 아름다움의 힘을 믿게 하고 음악의 신비를 체험하게 합니다. 그리고 표현할 줄 아는 사람이 되게 합니다. 한 명의 아이가 오케스트라의 일원으로 건강한 소속감을 갖게 되면 가족 전체의 생활이 달라진다고 합니다. 아이의 문화적 경험이 가족들의 자부심을 끌어올리고 생존 그 이상을 추구하는 삶에 함께 참여하게 만드는 것입니다.

엠마우스 운동의 피에르 신부는 "상처 입은 독수리 같은 인간의 마음은 서로 돕고 사는 공동체와 만날 때 회복할 수 있다"고 말합니다. 엠마우스 공동체를 찾아오는 사람들 중에는 인간성이 말살된 것처럼 보이는 사람들이 많았습니다. 그런데 이들이 '서로 돕는 사람들'과 함께 생활하는 동안 기적 같은 일이 일어납니다. 마치 끊어졌던 전원이 연결되는 것처럼 잃어버렸던 자기존엄과 자유의 감각을 되찾는 것이지요.

오늘날 붕괴 직전에 이른 학교의 위기는 공동체성 상실의 위기라고 말할 수 있습니다. 극심한 경쟁 속에서 아이들은 주위 친구들이 어떤 아픔을 겪고 있는지 얼마나 힘든지 돌아볼 여유조차 없이 섬처럼 고립된 존재로 살아갑니다. 가난과 고통보다 더 힘든 것은 고립감일 것입니다. 오늘의 교실에서는 아무도 '나의 이야기'를 들어 주지 않습니다. 이야기는 잠시 수다를 떨거나 잡담을 나누는 것과는 차원이 다릅니다. 나의 이야기는 곧 나의 존재이기 때문이지요. 자살하는 아이들이 급격하게 늘어나는 이유도 '자신의 이야기'를 잃어버렸기 때문일 것입니다.

불행한 아이들에게 가장 큰 사랑은 살아갈 의미를 부여해 주는 것입니다. 그들에게 '서로 돕는 공동체'와의 만남을 제공할 때 변화가 가능해집니다. 드물지만 오늘의 학교에서도 그런 일들이 번번이 일어납니다. 학교에 축구 동아리가 생기자 무단결석을 하던 아이가 일찍 등교해서 땀을 흘리며 축구 연습에 참가합니다. 학교 대표로 축구 시합에 참가하면서 수업 태도가 점점 좋아지기도 합니다. 더 이상 교실에서 수업을 방해한다고 구박만 받던 아이가 아닙니다. 축구를 통해서 '자신의 이야기'를 얻게 된 아이는 이제 학교가 다녀 볼 만한 곳으로 여겨집니다.

하지만 오늘의 학교는 방과 후 수업과 학원 수업 때문에 동아리 활동을 해 나가기가 매우 어렵습니다. 4~5년 전까지만 해도 일주일에 한 번씩 모이는 일이 어렵지 않았습니다. 그러나 어느덧 아이들과 함께 모이는 일은 스타들의 스케줄을 조정하는 일만큼이나 힘들어졌습니다. 이것이 학교 현장의 현실입니다. 그러나 포기해서는 안 됩니다. 도서관이나 문화센터, 온오프라인의 청소년 단체에서도 마음을 나눌 동무와 동지는 얼마든지 찾을 수 있습니다. 어느 곳에서든 자신의 자질과 개성에 맞는 공동체를 만날 수 있다면 아이들의 이야기는 훨씬 풍요로워질 것이며 그의 삶은 더 살 만해질 것입니다.

가난한 마음으로 가족 세우기
하루에 한 번 칭찬하기

『칭찬은 고래도 춤추게 한다』는 제목만으로 칭찬에 대한 설명을 다 했다고 봐도 무방할 정도로 제목이 훌륭하다. 이는 제목을 바꾼 후 책의 판매량이 열 배로 늘었다는 사실로도 증명이 되었다. 그러나 제목만으로는 칭찬을 어떻게 해야 하는지에 대해서 알 길이 없다. 그런 목마름을 해소시켜 준 것이 김상복 선생님의 『엄마, 힘들 땐 울어도 괜찮아』라는 책이다.

이 책은 도덕교사인 저자가 학생들에게 '부모님께 칭찬하기' 과제를 내 주고 그 변화를 기록한 것이다. 비밀스럽게, 대가 없이, 자연스럽게 부모님을 칭찬한 후에 칭찬 일기를 쓰게 했다. 두 달 동안 쓴 칭찬 일기가 수행평가 자료가 되었기 때문에 학생들은 성심껏 임할 수밖에 없었다. 마지못해 칭찬을 했던 아이들이 얼마나 많았겠는가. 그런데 그 억지 칭찬조차도 놀라운 효과를 발휘했다. 김상복 선생은 후기에서 이렇게 쓰고 있다.

"항상 부모님만 탓하고 잘못을 부모님께만 돌렸는데 칭찬을 통해서 부모님에 대한 원망과 서운한 마음들이 모두 치유되고 나도 행복한 가정을 만들어 가는 데 책임 있는 가족의 한 사람이라는 자부심을 갖게 되었다."

"부모님의 습관과 버릇을 알게 되니까 부모님이 왜 그렇게 말씀하셨고, 왜 그렇게 행동하셨는지 이해된다. 부모님은 무엇 때문에 아파하시고 무엇 때문에 기뻐하시고 무엇을 싫어하시는지를 생각한다. 부모님의 입장이 되어서 생각하게 되고 감사하게 되고 나중에는 진심으로 부모님을 칭찬하게 된다. … 부모님이 소중한 분이라는 것을 깨닫게 되니까 나도 소중한 사람이라는 것을 알게 된다."

수행평가가 아닌 한, 아이들은 결코 부모에게 먼저 칭찬을 하지 못할 것이다. 그러므로 김 선생님 같은 도덕교사를 만나지 못한 부모인 우리로서는 먼저 아이를 칭찬하는 길밖에 없을 것 같다. 그러면 위 학생들이 겪은 일들을 우리도 경험하게 될 것이다. 우리는 칭찬하기 위해 아이 편에서 생각하게 될 것이고 아이가 무엇 때문에 아파하고 무엇 때문에 기뻐하는지 무엇을 싫어하는지를 알게 될 것이다.

칭찬이 놀라운 것은 '뇌 구조를 바꾸는 작업'이라는 데 있다. 세상에 칭찬할 게 없는 아이는 없다. 사람은 존재 자체가 칭찬의 대상이 아닌가. 하루에 한 번도 칭찬받을 일을 하지 않는 아이는 없다. 칭찬은 부족하고 못마땅한 면보다 밝고 긍정적인 면을 보게 만든다. 그리고 그런 과정은 아이를 부정적으로 보던 흐름에 변화를 일으킨다. 나는 실제로 그런 경험을 한 적이 있다.

방학을 맞아 집으로 돌아온 아들과 가까워지기 위해 하루에 한 번씩 칭찬을 하기로 마음먹었다. 사실 칭찬은 포옹보다 수월한 편에 속했다. 칭찬을 받은 아들은 씨익 미소를 짓거나 고개를 끄덕이는 등 반응도 좋았다. 나는 한 학기 동안 힘겨운 공부를 끝내고 돌아온 아들에게 이런 칭찬을 했다.

"아들아, 한 학기 동안 무사히 살아 돌아온 것만으로도 넌 대단한 일을 한 거다."

기말고사 성적이 안 좋았던 아들은 내 칭찬을 듣고 흡족한 미소를 지었다.

아들이 누워서 텔레비전을 보는 모습을 보고는 이렇게 찬사를 보냈다.

"우리 아들, 누워 있는 모습이 참 섹시하네."

아들은 멋쩍은 웃음을 지으며 계속 텔레비전을 보았다.

외가에 다녀와서는 "외숙모님이 네가 잘생겨졌다고 하시더라"며 간접 칭찬을 했다.

나의 뇌는 칭찬 과정을 통해서 아들에 대해 긍정적인 회로를 형성해 가고 있었다. 그런 경험은 '인간의 뇌란 참 복잡하면서도 단순하구나' 하는 생각이 들게 했다. 뇌는 스스로 만든 정보에 영향을 받아서 그걸 재생산하고 구조화하는 성질이 있다.

칭찬은 아이로 하여금 자신이 긍정적인 존재라고 느끼게 해 주고 그 느낌은 다시 칭찬할 만한 행동을 만들어 낸다. 한번은 이런 일도 있었다. 아내가 저녁 메뉴로 아들이 좋아하는 삼겹살을 먹자고 했을 때, 아들은 아버지가 부대찌개를 좋아하시니까 그걸로 먹자고 말했다. 연일 계속되는 고기 메뉴가 지겨웠던 나를 배려한 것이다. 나는 때를 놓치지 않고 아들의 머리를 쓰다듬으며 쉽게 칭찬 하나를 추가했다. "아들아, 고맙구나."

칭찬을 하는 동안 내내 "이해하지 못하면 사랑하지 못한다"는 체로키 인디언의 말이 떠올랐다. 칭찬을 하기로 마음먹는 것은 상대를 이해하기로 마음먹는 것과 같은 것이었다. 이해의 과정을 통해 칭찬이 쌓여 가는데, 어찌 사랑이 쌓여 가지 않겠는가.

김상복 선생님의 책에 나온 칭찬 중에서 가장 감동적이었던 것은 어머니, 여동생과 함께 사는 어느 여학생의 칭찬이었다. 그 어머니는 시장에서 장사를 하는데 요사이 부쩍 장사가 안 돼서 걱정이 많았다. 그럼에도 자신과 동생에게 웃음을 보이려고 애쓰자 딸은 이렇게 칭찬한다.

"엄마, 힘들 땐 울어도 괜찮아요. 엄마는 지금 충분히 우리를 위해 노력하고 계세요."

칭찬은 '가장 위대한 혁명'을 가능하게 해 주는 열쇠라고 생각한다. 내 아들과 딸은 시의적절한 칭찬을 통해서 '애정이 깃든 존재'로 자라 갈 것이다. 아이들에게 사정없이 칭찬의 화살을 날려야겠다.

5장
마음을 비우면 아이가 올곧게 성장합니다

잘못에 대해 책임지지 않는 것이 능력이라는 풍조가 우리 사회를 병들게 합니다. 내 아이가 성공의 사다리를 탈 수만 있다면 뒷길로 가도 상관없다는 부모들의 욕심이 빚어낸 것은 아닐까요? 불의와 부정에 눈감게 만드는 탐욕과 야망을 내려놓아야 합니다. 기본이 무시되고 옳음이 짓밟히는 사회는 필경 다함께 죽는 길로 가게 될 것이기 때문입니다.

사회의 공의를 세우기 위해서는 잘못한 일에 대해 대가를 치를 줄 알아야 합니다. 기본을 지키는 것은 당장 손해를 보는 것 같지만 아이의 성장과 배움에 꼭 필요한 일입니다. 마음이 가난한 부모는 묵묵히 그 길을 걸어갑니다.

의로움은 기본을 지키는 것에서 시작합니다

잘사는 것, 성공하는 것만이 목표가 된 우리 사회는 혼란스럽습니다. 사회학자들은 무한경쟁 체제 속에서 극심한 불안을 겪고 있는 오늘의 시대를 춘추전국시대에 비유합니다. 그러면서 앞으로도 돈이 돈을 버는 자본의 횡포가 더 심해져서 극소수의 부자들에게 부가 집중되고, 인간 이하의 삶을 사는 빈민들이 무서운 속도로 늘 거라고 예견합니다.

혼란기에 사람들의 인격은 '집단적 타락 증후군' 현상을 보입니다. 정·재계와 교육계에 이르기까지 사회지도층이 저지르고 있는 부정부패는 점점 노골화되고 있습니다. 어느새 연예인들도 표절과 범죄 등으로 물의를 일으키고는 사과나 자숙 기간도 없이 버젓이 활동을 재개하기에 이르렀습니다. 이 밑바탕에는 '모든 사람이 범죄자'라는 인식이 자리 잡고 있다고 합니다.

이런 현상은 사회의 정의를 흔들어서 공동체의 존립을 위태롭게 만듭니다. 공의가 무너진 사회는 뿌리가 뽑힌 나무와 다르지 않기 때문이지요. 공의는 사회 공동체를 이루는 '뼈대'에 비유할 수 있을 것입니다. 이 뼈대는 사회 구성원들이 기본을 지킬 때 세워져 갑니다.

기본을 지키면 나만 손해 본다?

아침에 학부모의 전화를 받고 나더니 최 선생님은 왠지 불길하다며 헛웃음을 웃었습니다. 제가 최 선생님을 위로하며 말했습니다.

"성우 어머니 지금 오신대? 뭐가 불길해? 학생 차비 대신 내 준 게 죄야? 고마워할 일이지."

그때 성우 어머니인 듯한 여자가 교무실로 들어왔습니다.

"안녕하세요. 최 선생님이시죠?"

키가 큰 여자의 목소리는 꽤 차분한 편이었습니다. 일견 교양도 있어 보이는 인상이었으므로 저는 별일 없겠지 생각하며 교실로 향했습니다.

"네, 접니다만…."

최 선생님의 긴장한 목소리가 어렴풋이 들렸습니다.

소풍 전날, 성우는 객기를 부려 느닷없이 무임 승차를 시도했고, 현장에서 역무원에게 붙잡혔습니다. 그 장면을 목격한 최 선생님은 차마 제자의 곤경을 외면할 수 없어서 역무원실로 갔습니다. 다른 학교 학생 두 명도 잡혀 와 있었습니다. 최 선생님은 교사라고 밝히며 선처를 부탁했지만, 역무원은 다른 학교 아이들과의 형평성 때문에 안 된다고 버텼습니다. 성우는 꼼짝없이 승차비의 30배를 내야만 풀려날 수 있는 처지가 되었습니다. 부모님이 달려와서 벌금을 내더라도 지각을 피할 수 없는 상황이었습니다. 마음 좋은 최 선생님은 성우를 구해 주기 위해 벌금을 대신 내 주었습니다.

최소한의 상식이 있는 학부모라면 선생님에게 머리를 숙이고 감사 인사를 할 일이었습니다. 그러나 수업을 마치고 돌아간 교무실의 분위기는 제 예상과 전혀 달랐습니다. 성우 어머니는 다짜고짜 왜 자기 자식의 벌금을 대신 내 주었느냐며 따졌다고 합니다. 성우가 지각할까 봐 도와주려 했다는 설명을 듣고도 계속 불만을 터뜨렸습니다.

"그러니까 학생이 무임승차를 하지 않도록 선생님들이 잘 지도를 하셨어야죠."

옆에서 보다 못한 다른 선생님이 화를 내며 따졌다고 합니다.

"아니, 중학생한테 누가 그런 걸 가르쳐요? 그런 건 집에서 가르치셔야죠. 어머니, 오늘 최 선생님이 잘못했다고 비난하러 오신 거예요?"

성우 어머니는 강한 상대를 만난 후에야 최 선생님의 책상 위에 던지듯 돈을 놓고 돌아갔다고 합니다.

그날 저는 학부모의 어처구니없던 행동을 곰곰이 생각해 보았습니다. 돈이 아까웠기 때문만은 아닌 것 같았습니다. 성우 어머니는 아들이 무임승차라는 불법을 저질렀다는 생각보다는, 무임승차를 하다 재수 없게 걸렸다는 생각에 사로잡혀 있는 듯했습니다. 자신이 현장에 갔더라면 벌금을 물지 않을 수 있었을 텐데, 공연히 끼어든 교사 때문에 30배의 돈을 쓰게 됐다는 사실이 견딜 수 없이 억울했던 게 아니었을까요.

옳음보다 생존을 선택해야 하는 아이들

부모를 보며 자라나는 아이들은 빠르게 부모를 닮아 갑니다. 무임승차 사건 몇 달 뒤, 학교 근처 아파트 옥상에 올라가서 음주를 하던 학생들이 붙잡혀 왔습니다. 생활지도부실로 비틀거리며 들어온 2학년 남녀 학생들은 하나같이 술을 안 먹었다고 잡아뗐다고 합니다. 요즘 아이들은 '아니면 말고' 식으로 일단 잡아떼고 봅니다. 더욱 할 말을 잃게 한 건 음주를 주동했던 은호의 아버지가 한 말이었습니다.

"아이들이 어쩌다 술 한잔 할 수 있는 거 아닙니까? 싸움질한 것도 아니고, 도둑질한 것도 아니잖아요. 그것도 겨우 옥상에 숨어서 마시다가 들킨 겁니다. 안 들켰으면 그냥 넘어갔을 일이니까 처벌하지 말아 주십시오."

그야말로 부끄러움을 헌신짝처럼 내버린 사람이었습니다.

바야흐로 '집단적 타락 증후군'의 시대가 도래한 것 같습니다. 사람들의 가치관이 급속도로 타락하는 증상을 보이고 있는 것입니다. 잘못을 한 후에 그것을 인정하는 사람들의 사회는 아직 희망이 있습니다. 그러나 재수가 없어서 걸렸을 뿐이라 여기고 아무 책임도 지지 않으려는 사람들이 사는 사회는 존속되기 어렵습니다. 적어도 앞선 세대의 부모들은 설령 그런 가치관을 가지고 있다 하더라도 자식들에게만큼은 '공동체가 합의한 규칙은 지켜야 하며 어겼을 때는 책임을 져야 한다'고 가르쳤습니다. 그러나 그것은 말 그대로 옛말이 되었습니다.

오늘날 아이들이 서슴없이 불의를 행하는 것은 사회와 가정에서 어른들의 불의한 모습을 보고 자랐기 때문일 것입니다. 또는 '옳은 것은 알지만 그것을 지키다가는 손해만 보게 된다'는 경험을 끊임없이 해 왔기 때문입니다. 아이러니컬하게도 오늘의 학교는 아이들에게 '기본을 지키지 않아야 살아남는다'고 교육하는 곳에 가깝습니다. 학교를 움직이는 체계를 들여다볼까요? 학생들을 바람직한 존재로 교육하고자 하는 목적과 상반되는 공문과 지침들이 날마다 학교로 쏟아져 내려옵니다. 학생들의 열등감과 패배감을 키우는 수준별 수업, 사교육비 절감과 무관한 방과 후 수업, 부진아들을 더욱 옥죄는 심화 보충수업, 학교 부적응 학생들을 더 적응하지 못하게 만드는 강제적 두발과 복장 규정, 교사와 학생의 관계를 악화시키는 학력 신장 대책 지침 등등.

가장 심각한 문제는 교육과정이 학생들로 하여금 기본을 지킬 수 없는 한계 상황으로 몰아가고 있다는 것입니다. 과중한 학교 과제와 학원 숙제에 짓눌리는 아이들은 친구의 숙제를 베끼지 않으면 매를 맞아야 하는 상황에 무시로 처하게 됩니다. 다급히 체육복을 빌리다가 시작종이 울려서 주인의 허락도 없이 가져가야 하는 상황, 수업 후 체육복의 주인을 찾아서 돌려주다 보면 수준별 수업에 늦어서 벌을 받아야 하는 상황, 며칠째 내지 못한 기술 수행평가 과제물을 훔쳐서라도 내야만 점수를 받을 수 있는 상황…. 그런 상황들은 헤아릴 수 없이 많습니다. 아이들은 그런 경험을 통해서 '살아남으려면 기본을 무시해야 한다'는 인식을 강화하게 됩니다. 그들은 자신이 몸담게 될 사회가 기본을 지키면 살아남을 수 없는 곳이라는 사실을 일찌감치 배우고 있는 것입니다.

학생들이 규칙을 지키지 못하는 것은 뇌가 감당할 수 없는 과제들이 주어지기 때문입니다. 인간의 뇌는 적당한 과제나 도전이 주어졌을 때 자신의 능력을 최적화하는 시스템입니다. 그러나 용량을 넘어서는 과제가 쏟아져 들어오면 어이없이 무너지는 시스템이기도 합니다. 인터넷 접속의 폭주로 서버가 다운되는 것처럼 말입니다.

아이들이 이 지경이 되기까지 부모들이 사교육을 시키는 이유는 '내 아이만 뒤처지면 어떻게 하나' 하는 불안감 때문인 경우가 많습니다. 그러나 『아깝다! 사교육비』에 따르면, "학원의 과제는 학원에서 공부를 시키고 있다는 걸 부모들에게 보여 주려는 전시 행정일 뿐 실제 소화해서 내 것으로 만드는 아이는 없다"고 합니다. 아이와의 충분한 대화를 통해서 학원 수강과목이나 과제의 양을 과감하게 줄여 줄 필요가 있습니다. 자발적인 동기이거나 최소한 본인의 동의를 얻은 학습일 경우에만 '내 지식'으로 체화할 가능성이 높기 때문입니다.

기본을 지키기 위한 치열함

임계점을 넘어서면 급격하게 무너지는 건 인간의 뇌뿐만이 아닙니다. 공동체도 마찬가지입니다. 저는 학급 공동체에서 그 사실을 경험했습니다. 그해 맡은 반은 부적응 학생들이 7, 8명이나 되었습니다. 수업 진행은 어려웠고 교실 바닥엔 쓰레기가 널려 있었으며 게시판에는 낙서가 넘쳐 났습니다. 남의 물건을 제 물건인 양 가져다 쓰고 버리는 일들이 빈번했고, 성추행 사건도 발생했습니다.

이 상황을 돌파하기 위해 가장 중점적으로 지도한 것은 '기본을 지키는 것'이었습니다. 먼저 교실 벽과 게시판에 낙서한 아이들에게는 깨끗하게 지우게 했습니다. 교실 바닥에 쓰레기를 버리지 않고 욕하지 않게 했습니다. 기본을 지키지 않는 아이들을 남겨서 꾸준히 독서를 시킨 결과 교실은 깨끗해졌고 적어도 제가 있는 곳에서는 욕설이 들리지 않았습니다. 다른 사람의 물건을 가져가는 일과 성추행도 사라졌습니다.

이렇듯 사회는 개개인이 모여 이루어진 공동체이기 때문에 개인이 기본을 지킬 때 그 공동체의 의가 바로 섭니다.

우리 사회에는 기본을 지키는 삶의 표본 같은 이가 한 분 있습니다. 바로 안철수입니다. 의학 박사이면서 '컴퓨터 의사'로 알려졌고 성공한 CEO였다가 카이스트와 서울대의 교수가 된 안철수는 지독할 정도로 기본을 지키는 사람입니다. 그는 1988년 자신의 컴퓨터가 브레인 바이러스에 감염되었을 때, 세계 최초로 백신 프로그램을 만든 게 계기가 되어 컴퓨터 의사로 명성을 얻게 됩니다. 그 후 의사의 길을 가다가 소프트웨어 산업 발전을 위해 '안철수컴퓨터바이러스연구소'를 창업합니다.

우리나라는 '성공하면 사업이고, 실패하면 사기다'라는 말이 회자될 정도로 법과 원칙을 지키며 기업을 경영하는 일이 쉽지 않은 사회입니다. 그러나 안철수는 그 길을 묵묵히 걸어갔습니다. 그는 사업을 하면서 한 번도 약속을 어긴 적이 없다고 합니다. 사람들이 그건 불가능한 일이다, 어떻게 사소한 약속 한두 번도 어기지 않을 수 있느냐고 반문했지만 안철수의 대답은 너무도 간단했습니다. "지키지 못할 약속은 처음부터 안 하니까요." 그는 99퍼센트 확신이 들 때만 약속을 했기 때문에 모두 지킬 수 있었다고 합니다.

안철수연구소는 창업 초기 몇 년 간 직원들의 월급을 제대로 줄 수 없을 정도로 자금난을 겪었습니다. 그러다 사원들에게 연말 성과급을 약속했던 1999년에 'CIH바이러스 대란'으로 회사의 매출이 폭발적으로 늘어났습니다. 그럴 경우 회사자금 비축을 위해 성과급을 재조정하는 게 상례라고 합니다. 그러나 안철수는 약속대로 전 사원들에게 400퍼센트의 상여금을 지급했습니다. 사원들로서는 엄청난 횡재를 한 것이었지요.

안철수는 공정한 분배를 기업의 기본으로 생각했으며, 회사 돈과 개인의 돈을 병적일 정도로 투명하게 구분했습니다. 그는 공적인 회식이 아닌 식대는 누구를 막론하고 각자 부담하게 할 정도로 원칙에 철저했습니다. 간혹 너무 인색한 거 아니냐는 오해를 사기도 했지만, 그렇게 아낀 돈을 공정하게 나누는 것이 모두에게 이롭다고 믿었습니다. 그런 실천은 그에게 '교주처럼 사원들에게 존경받는 CEO'라는 별명을 얻게 만들었습니다.

안철수는 초등학교와 중학교 때 성적도 그다지 좋지 않았고, 운동 능력이 떨어져서 친구들과 잘 어울리지도 못하는 아이였습니다. 혼자서 책읽는 것을 좋아해서 고등학교 때까지 한국 소설과 고전, 추리소설에 빠져 살았습니다. 고3 때 처음 반에서 1등을 하고 서울대 의대를 들어간 안철수의 공부법은 교과서에 충실한 것이었습니다. 의대생들의 공부량은 어마어마하다고 정평이 나 있는데, 다른 학생들이 주로 족보라는 요약 문제집으로 공부할 때도 그는 교과서를 통째로 공부했습니다. 기본에 충실한 공부법은 대학에서도 통해서 그는 최상위 성적으로 졸업을 했습니다.

이쯤 되면 안철수가 운전할 때도 교통법규를 어떻게 지킬지 그림이 그려집니다. 그는 초보 시절에 신호 위반을 하던 앞차를 따라가다 딱지를 한 번 뗀 경험이 있습니다. 그 후부터는 반드시 지도를 먼저 익히고 주차장까지 확인한 후에 차를 몰았습니다. 주차장이 없으면 차를 가지고 가지 않았기 때문에 이후 한 번도 교통법규를 위반하지 않았다고 합니다.

기본을 지키는 것은 어쩌면 쉬운 일인지도 모릅니다. 그러나 우리는 알고 있습니다. 학교와 사회에서 기본을 지키는 일이 얼마나 어려운지를. 기본을 지키려 하면 더 많은 시간과 노력을 들여야 합니다. 쉽게 나의 배를 채우려는 영리함을 내려놓아야 합니다. 그래서 기본을 지키는 것은 가난한 마음과 가난한 삶을 실천하는 것과 같습니다.

 기본을 지키지 않는 사람들이 많은 사회일수록 기본을 지키는 일이 어려워집니다. 안철수는 말합니다. "급한 일보다 중요한 일부터 먼저 하라. 급한 일만 하다 보면 중요한 일은 영영 못할지도 모른다." 안철수에게는 기본을 지키는 일이 중요한 일의 하나였습니다. 우리 개개인이 기본을 잘 지켜 나간다면 이 사회는 정말 살 만한 곳이 될 것입니다. 모든 사람이 기본을 지키는 사회에서는 기본을 지키는 것이 마치 숨을 쉬는 것처럼 편해질 것입니다.

공의公義를 세우기 위해서는 대가를 치러야 합니다

저를 포함하여 우리나라 부모들은 아이에게 사과할 일이 많은 사람들입니다. 대운하가 한창 논란이 되던 때 김규항은 이런 말을 했습니다. "우리 안에는 더 무서운 대운하가 있다. 그건 밤마다 도로에 길게 늘어선 학원버스들이다." 우리는 원죄를 갖고 있는 부모들인지도 모릅니다. 저는 제 아이가 이런 항의를 한다면 답해 줄 말이 정말 궁색할 것 같습니다.

"왜 우리를 십수 년 동안 공부 지옥 속에서 살아야 하는 나라에서 태어나게 했나요?"

무한경쟁의 괴물이 된 학교는 기성세대의 방관과 탐욕이 낳은 결과이기도 합니다. 학부모들과 상담하면서 제가 가장 많이 하는 말은 사과하라는 말입니다. 특히 아이를 힘으로 억압하는 아버지들에게는 아이의 뜻을 존중해 주지 않았던 것에 대해 사과하는 게 가장 좋다고 말해 줍니다. 어린 자식에게 사과를 한다는 건 웬만한 용기를 가지고는 할 수 없습니다. 그러나 그렇다고 하더라도 해야만 하는 소중한 일입니다.

부모가 아이에게 가장 먼저 사과해야 할 일은 무엇일까요? 그것은 제때에 배워야 할 것들을 제대로 가르쳐 주지 못한 것입니다. 타인과 공감을 나누며 관계하는 법, 자신의 잘못에 대해 책임을 지는 법. 이 두 가지는 사회 구성원이 될 아이들에게 가장 필요한 덕목입니다. 그런 덕목을 내팽개치는 부모들을 보면 정말 안타깝습니다. 아이의 잘못을 일방적으로 두둔함으로써 그 아이가 미덕을 배울 수 있는 기회를 박탈해 버리는 부모가 교사를 가장 슬프게 합니다.

새 학기가 시작되자마자 3학년 남학생 일진들 10명 정도가 반삭을 했습니다. 다음 날엔 2학년 일진들이, 그다음 날엔 1학년 일진들이 반삭을 하고 등교를 했습니다. 이쯤 되면 조사해 보지 않아도 3학년 일진들의 작품이라는 답이 나옵니다. 며칠 후 강제로 머리를 깎인 1학년 학부모의 항의로 생활지도부에서 대대적인 조사를 벌였습니다. 그런데 1, 2학년 일진들은 하나같이 선배들이 시켜서 머리를 깎은 게 아니라고 대답했습니다. 3학년들이 얼마나 때리고 겁을 줬을지 짐작이 되고도 남았습니다.

3학년 일진들이 후배들을 이발소로 데리고 가서 강제로 머리 깎게 한 걸 본 증인도 있었지만, 피해자들이 끝까지 부인했기 때문에 학교에서 징계를 내리는 일이 쉽지 않았습니다. 그러나 일

련의 정황상 3학년들의 협박에 의한 것이라는 게 명백했고, 밝힐 수는 없었으나 증인도 있었기 때문에 교내 봉사를 시키기로 했습니다. 그런데 그 소식을 들은 3학년 학부모들이 학교로 찾아와서 강력하게 항의를 했습니다. 특히 그 아버지들은 아이들이 1학년 때부터 사고를 칠 때마다 학교에 찾아와 폭언을 퍼붓는 것으로 유명한 사람들이었습니다. 그들의 주장은 왜 피해자들이 인정하지도 않고 명백한 증거도 없는데 징계를 내리느냐는 것이었습니다. 일견 일리가 있는 주장이지요. 그러나 그들의 양심만은 자식들이 후배들에게 반삭을 시켰다는 사실을 알고 있었을 것입니다. 1, 2, 3학년 일진들 전원이 반삭과 함께 귀 옆에 일자로 민머리를 만들어 한 패거리라는 표식을 했기 때문입니다. 일부 1, 2학년 학부모들이 아이가 집에서는 선배들의 강요로 반삭을 했다고 말했다며 목소리를 높였지만, 끝내 징계를 내리지는 못했습니다.

공교롭게도 그 시기에 모 대기업 회장이 자식을 때린 술집 종업원들을 폭행한 사건이 큰 이슈가 됐습니다. 돈과 권력을 가진 자는 자기 자식을 위해 남의 자식을 무자비하게 때려도 되느냐는 비난이 대기업 회장을 향해 휘몰아쳤습니다. 그는 돈으로 산 조폭을 대동해서 힘없는 젊은이에게 무자비한 폭력을 가했습니다. 두 사건은 왜곡된 부성애라는 공통점을 갖고 있었습니다. 어쩌다가 우리 사회의 양심이 이 지경까지 무너진 걸까요? 학교에서 무수한 일을 겪어 봤지만, 이 정도까지 불의가 만연한 적은 없었습니다. 흉악하게 일그러진 부성이 자식들에게 어떤 영향을 미칠지는 불을 보듯 뻔한 일이었습니다.

  2학기가 되자 3학년 아이들은 무단결석을 밥 먹듯이 하더니 아예 가출을 했습니다. 더 이상 아버지의 폭력으로도 통제할 수 없을 만큼 막 나가는 지경에 이른 것입니다. 아이들은 오토바이를 훔쳤으면서 끝까지 인터넷에서 샀다고 우기다가 들통이 났고, 나중엔 후배들을 시켜서 훔쳐 온 오토바이를 타고 돌아다녔습니다. 겁나는 것도 무서운 것도 없어 보였습니다. 잘못한 일을 요령껏 감출 수 있거나, 감추지 못해도 협박으로 덮을 수 있으면 죄가 되지 않을 수 있다는 것을 가르쳐 준 것은 그 아이들의 아버지였습니다. 이들처럼 잘못한 일에 대해 대가를 치르지 않아도 된다고 생각하는 사람들이 사는 사회보다 더 위험한 사회가 있을까요.

배울 수 있는 기회를 놓치지 않는 법

  『내 영혼이 따뜻했던 날들』에 나오는 체로키 인디언들의 삶에는 깊은 철학이 있습니다. 어느 날 작은 나무는 생필품을 사려고 할아버지와 함께 산에서 내려와 개척촌으로 갔습니다. 할아버지가 가게에서 물건을 사는 동안, 작은 나무는 북적거리는 사거리에서 정치가가 연설을 하는 모습을 구경하고 있었습니다. 그때 한 사내가 송아지를 끌고 작은 나무에게 다가와 싸게 사지 않겠느냐고 물었습니다. 그는 사람 좋은 웃음을 지으며 자신은 선량한 기독교인이라서 제 값의 100분의 1도 안 되는 돈만 받겠다고 했습니다. 결국 자칭 기독교인은 여섯 살짜리 아이에게 50센트를 받고 병든 송아지를 파는 일에 성공합니다. 여기서 놀라운 것은 가게에서 볼일을 마치고 나와 있던 할아버지가 사내의 수작을 다 보고 있었다는 사실입니다.

기쁨에 가득 찬 얼굴로 송아지 줄을 잡고 돌아온 손자를 할아버지는 쓸쓸한 표정으로 맞습니다. 그런데 길을 떠난 지 얼마 안 되어 송아지는 길에서 고꾸라져 죽습니다. 할아버지는 낙심한 작은 나무에게 이렇게 말합니다.

"나는 네가 하는 대로 내버려둘 수밖에 달리 방법이 없었단다. 만약 내가 그 송아지를 못 사게 막았더라면 너는 언제까지나 그걸 아쉬워했겠지. 그렇지 않고 너더러 사라고 했으면 송아지가 죽은 걸 내 탓으로 돌렸을 테고. 직접 해 보고 깨닫는 것 말고는 방법이 없었어."

그렇습니다. 사람은 대가를 치른 일에서만 배울 수 있는 존재입니다. 할아버지는 손자가 50센트를 잃지 않는 것보다 사람들의 말이 진실과 얼마나 동떨어질 수 있는지를 깨닫는 것이 훨씬 값진 일이라고 판단했던 것입니다. 작은 나무는 그 일로 자기 입으로 자신이 착하고 좋은 사람이라고 떠벌리는 사람은 특히 조심해야 한다는 교훈을 뼛속 깊이 얻을 수 있었다고 고백합니다.

체로키 할아버지는 거기에 놀라운 삶의 지혜를 하나 더 얹어 줍니다. 누가 다른 사람을 헐뜯는 말을 할 땐 절대로 그 말만 가지고 판단하면 안 되며 말보다 말투를 잘 듣고 판단해야 한다는 것입니다. 그러면 그가 비열하게 거짓말을 하고 있는지 아닌지 알 수 있게 된다는 것입니다.

이 대목을 읽던 저는 체로키인들의 현명함에 감탄을 금할 수 없었습니다. 그들은 미국의 대학교수가 발표한 '매러비안의 법칙'을 수천 년 전부터 체득하고 있었던 것입니다. 매러비안의 법칙에 의하면 인간의 의사소통에서 가장 많은 비중을 차지하는 것은 말투(38퍼센트)라고 합니다. 얼굴 표정(30퍼센트)과 태도(20퍼센트)가 그 뒤를 이었고, 놀랍게도 언어 자체는 7퍼센트밖에 되지 않았습니다. 인간은 입으로는 거짓을 말할 수 있지만 말투나 표정으로는 미묘하게 진실을 드러낼 수밖에 없는 존재인 것입니다.

체로키 할아버지의 인격은 후배들에게 반삭을 시킨 3학년 아버지들과 극명한 대조를 이룹니다. 자전소설인 이 책의 원제는 '작은 나무의 교육'입니다. 21세기를 사는 우리는 19세기의 체로키 인디언들에게 아이를 교육하는 방법을 머리 숙여 배워야 할 것 같습니다.

아이에게 사과를 하는 것도 대가를 치르는 일입니다

김정운 교수가 '아들을 팼다'라는 제목으로 신문에 기고한 칼럼이 큰 화제가 된 적이 있습니다. 그는 고등학생 아들을 때리다 팔을 잡혔을 때 힘으로는 아들을 이길 수 없다는 걸 직감했습니다. 다행스럽게도 아들이 슬며시 팔을 놓아 주었는데, 그게 더 화가 나서 아들을 더 무지막지하게 때렸습니다. 그러나 그는 다음 날부터 아들의 얼굴을 볼 때마다 자신이 패배자요 아들이 승자라는 걸 마음속으로 인정할 수밖에 없었다고 합니다. 우리나라 아버지들은 왜 아들에게만 엄격한 잣대를 들이대면서 과도하게 엄해지는 걸까요? 사실은 저도 그런 아버지 중의 한 명임을 부인하지 못합니다.

제 아들은 학업과 생활을 스스로 알아서 하는, 대체로 반듯한 편에 속합니다. 그러나 자기 방을 어지럽히고 옷을 아무 데나 벗어 놓는 것 때문에 저와 자주 마찰을 빚습니다. 물론 오늘의 사회가 20대는 물론이요 10대들에게 가혹하다는 것은 저도 인정합니다. 게다가 공부 지옥을 마친 후에도 거의 희망이 없다는 것 때문에 더더욱 미안하지요. 그러나 그렇다고 해서 공부만 알아서 하면 되고, 자기 방 청소와 자기 먹은 그릇 설거지도 할 줄 모르는 사람으로 자라면 안 되는 거 아닙니까. 저는 저와 의견이 다른 아내와 이 문제로 거듭 논쟁을 해야 했습니다. 그러다 제 생각을 접고 집안일을 많이 하는 아내의 의견에 따르기로 결론을 내렸습니다. 아이들이 우리와 비교할 수 없는 스트레스를 받으며 학창 생활을 하는 동안은 청소와 설거지를 면제해 주는 것으로 말입니다.

그러나 흔쾌히 동의한 게 아니었기에 아들의 방을 청소할 때마다 '이렇게 키워서는 안 되는데' 하는 생각을 떨치기 어려웠습니다. 그런 불만을 안고 청소를 하던 어느 날이었습니다. 고교 진학을 앞둔 아들은 겨울방학 내내 학원에 다니며 영어, 수학 선행 학습을 하느라 바빴습니다. 거기에 고등학교에서 내 준 과제까지 하느라 늘 시간에 쫓기고 있었습니다. 그러다 보니 마음의 여유가 없었는지 제 엄마가 아무리 잔소리를 해도 양치질을 제대로 하지 않고 잠들기 일쑤였습니다.

그날도 아들은 아침밥을 먹고 난 후 양치질도 하지 않은 채 컴퓨터 앞에 앉아서 검색을 하고 있었습니다. 그 즈음에는 저도 잔소리를 하는 데 지쳐서 아들의 칫솔에 치약을 묻혀 갖다 주곤 했습니다. 넙죽 칫솔을 받아 컴퓨터 앞에서 양치질하는 모습을 보며 화를 삭이고 청소기를 돌렸습니다. 그날따라 아들 녀석이 아무 데나 벗어 던진 옷들이 더 화를 돋웠습니다. 그때까지 잘 참고 있던 저는 아들 녀석이 벗어 놓은 바지와 양말이 구겨진 채로 며칠째 그 자리에 있는 걸 보고는 결국 폭발하고 말았습니다. 아들을 향해 양말을 걷어차며 소리를 질렀습니다.

"너 인마, 빨래 제대로 안 갖다 놓을 거야? 또 방구석에 처박아 놓으면 다 갖다 버릴 거니까 그런 줄 알아!"

눈을 부라리며 호통을 치는 제 모습에 인터넷 강의를 듣던 아들은 놀란 얼굴로 조심하겠다고 대답했습니다.

저녁에 밥을 먹다가 아들이 아침에 있었던 얘기를 꺼냈습니다. 아침에 아내는 근무를 하느라 집에 없었습니다.

"아빠는 내가 별로 잘못한 것도 아닌데 나만 혼내."

아들은 제 엄마에게 불만을 토로한 후에 밥을 먹자마자 방으로 들어가 버렸습니다. 저는 이 기회에 버릇을 확실히 고쳐야겠다고 생각하고 소리쳐서 아들을 다시 불러냈습니다.

"너 지금 아침에 있었던 일 때문에 화내는 거야? 뭐가 불만인지 속 시원하게 다 말해 봐!"

아들 녀석은 눈물을 글썽거리며 작심한 듯 가슴속에 쌓여 있던 말들을 토해 냈습니다.

"아빠는 저랑 예인이를 차별하시잖아요. 예인이가 더 함부로 말하고 더 많이 양말 아무 데나 벗어 놓는데 안 혼내시면서, 전 조금만 말실수하고 잘못해도 잡아먹을 듯이 혼내시잖아요!"

아들의 얼굴에는 서러움과 분노가 가득 차 있었습니다. 일단은 아들을 서럽게 하고 화나게 한 것에 대해서 사과를 해야 대화가 자연스럽게 이어질 거라고 판단했습니다.

"알았다. 아빠가 동생보다 너를 더 심하게 혼냈기 때문에 억울하게 느끼게 한 것에 대해서는 일단 사과할게."

"네…."

아들이 한결 누그러진 표정으로 대답했습니다. 아들이 들을 준비가 되었다고 느낀 저는 아침에 화가 났던 이유를 차근차근 설명해 주었습니다.

"아빠는 항상 고민해. 자기가 먹은 설거지도 하지 않고 자기 방 청소도 하지 않고 옷도 제대로 걸지 않는 사람으로 키우는 게 잘하고 있는 건가? 너한테 칫솔 가져다 줄 때마다 화가 머리끝까지 나는데도 참고 가져다 주는 거야. 넌 그동안 내가 할아버지 암 걸리셨을 때 이 때문에 음식도 못 드셨다는 얘기까지 하면서 몇 번을 말했는데도 안 고쳤어. 오늘 아침엔 청소하다가 의자마다 걸쳐 놓은 네 옷들을 걸어 놓으면서 화가 계속 쌓이더라. 그러고 있는데 며칠째 처박혀 있는 바지랑 양말을 보니까 더 이상 참을 수 없었던 거야. 곧 기숙사에 들어가야 되는 녀석이 스스로 양치질도 할 줄 모르고 양말이랑 옷도 정리하지 못하는데 어떻게 기숙사 생활을 할 수 있겠어?"

"그래도 저한테만 심하게 화를 내시는 게 전 이해가 안 돼요."

"그건 이런 거야. 아빠도 엄마한테 베란다 문 좀 잘 닫으라는 소리를 여러 번 듣고도 잘 고치지 못했잖아. 베란다에 종이나 재활용 쓰레기를 버리고 들어오면서 깜빡하고 문을 잘 안 닫았어. 그러다 며칠 전에 엄마가 소리를 빽 지르면서 혼낸 적이 있었지. 그때 아빠가 어떻게 했어? 가만히 있었지?"

"네."

"그건 엄마가 좋은 말로 여러 번 얘기를 했는데도 내가 못 고쳤기 때문이야. 그런데 그렇게 큰 소리로 혼이 나니까 정신 차리고 베란다 문을 닫게 되더라고. 너한테도 그동안 좋게 말한 게 통하지 않았기 때문에 혼을 냈던 거야."

아들은 그제야 학원 공부와 과제 때문에 여유가 없어서 소홀했었는데 앞으로는 잘 고치겠다고 대답했습니다. 그리고 식탁에서 일어나자마자 욕실로 가서 양치질을 했습니다.

아들과 논쟁을 한 후 한동안 마음이 께름칙했습니다. 아들의 마음을 짓누르는 방법으로 권위를 세울 수밖에 없는 제 자신이 한심스러웠기 때문입니다.

학교에서 폭력으로 상대를 제압하려는 아이들은 대부분 부모가 힘을 잘못 사용해서 그렇게 된 아이들입니다. 부모로부터 현명하게 문제를 해결하는 법을 보지도 못하고 배우지도 못한 아이들입니다. 저 역시 지혜와 애정이 부족하여 아들에게 분노를 터뜨리는 방법으로 잘못을 고쳐 주려는 우를 범했습니다. 그러나 아들의 정당한 항의를 받아들이고 제 잘못을 인정한 순간부터 가족 회의가 정상적으로 진행되었습니다. 그 사건을 통해서 한 가지 큰 깨달음을 얻었습니다.

 '공동체의 의를 세우기 위해서는 제때에 사과할 줄 알아야 한다. 내 아이에게뿐만 아니라 학생들에게도 분명히 잘못한 일에 대해서 제때에 사과하는 건 매우 소중한 일이다.'

몸이 불편해질수록 영혼은 반듯해집니다

　에리히 프롬은 물신의 사회에서 살고 있는 현대인들은 자본의 노예가 됨으로써 존재를 상실하게 된다고 했습니다. 시장경제 속에서의 개인은 자신의 존재에 대해 착각에 빠지기 쉽습니다. 시장경제 사회는 '내가 생각하는 것'이 나가 아니라 '내가 가지고 있는 것'이 나라고 끊임없이 세뇌하기 때문이지요. 그 속에서 개인은 스스로를 '시장이 나에게 요구하는 것'으로 상품화 하게 되는데, 이것이 자아의 상실로 이어집니다.
　시장경제에 너무도 충실한 우리의 현실이 딱 이렇지 않습니까? 온 국민이 아이들을 사람이 아니라 상품으로 키우는 일에 혈안이 되어 있으니까요. 오늘날 교육의 목표는 오직 한 가지, 경제적으로 안정된 직업을 가진 사람을 만드는 것입니다. 얼마나 높은 연봉을 받는 사람으로 크느냐가 지상목표인 사회에서 어떤 사람으로 크느냐는 결코 중요하지 않을 것입니다.

사라진 휴대전화를 찾습니다

겨울방학을 두어 주 앞둔 어느 날, 서 선생님이 사색이 된 얼굴로 말했습니다.

"선생님, 저 사고 쳤어요…."

서 선생님은 9월에 신규 발령을 받은 교사였는데, 사회 경험이 있는 사람답게 첫 학교생활을 무난하고 씩씩하게 하고 있었습니다. 저는 선생님의 표정을 보고 꽤 심각한 사건이 터졌다는 것을 알 수 있었습니다.

"일주일 전에 1학년 7반 수업을 하다 휴대전화를 하나 압수했어요. 오늘 점심시간에 그 아이가 찾으러 왔는데 휴대전화가 없는 거예요. 생각해 보니까 어제 2학년 여학생이 친구를 데리고 와서 자기 거라며 찾아갔지 뭐예요. 그거 70만 원짜린데, 저 어떡해요."

서 선생님은 휴대전화를 압수할 때마다 견출지에 이름을 써서 붙여 놓았는데, 지난주에 갑자기 업무가 몰려서 견출지를 붙이지 않았던 게 일을 꼬이게 만들었습니다.

불과 몇 년 전까지만 해도 아이들은 분실된 휴대전화를 거들떠보지도 않았습니다. 그러나 디엠비 기능이 추가되면서는 크게 달라졌습니다. 한번은 1학년 교실에서 시험 날 아침에 휴대전화를 걷었다가 고가의 휴대전화를 도난당하는 일도 있었습니다.

담임선생님은 눈앞에서 사라진 휴대전화를 고스란히 배상해 주어야 했다고 합니다.

서 선생님은 생활지도부에 가서 전교생의 사진을 확인해 보았지만 헛수고였습니다. 너무 평범해서 기억이 나지 않는 얼굴들이었기 때문입니다.

휴대전화를 잃어버린 아이는 혜원이었습니다. 혜원이는 담임선생님이 지난달에 똑같은 걸 잃어버린 애가 있으니 학교에 가져오지 말라고 신신당부를 했는데도 가지고 다니다 잃어버렸습니다.

휴대전화를 가져간 2학년 여학생들은 교묘하고도 대범했습니다. 2학기 때 발령받은 선생님이기 때문에 자신들의 얼굴을 제대로 기억하지 못할 거라고 계산한 것도 놀라웠지만, 그 어떤 단서도 남기지 않았다는 게 더 놀라웠습니다. 그야말로 완전범죄였습니다.

다음 날부터 조사에 들어갔습니다. 혜원이로서는 억울한 상황이었습니다. 휴대전화는 8반 정미가 혜원이에게 빌려서 음악시간에 쓰다가 뺏긴 것이었기 때문입니다.

정미는 그야말로 대책 없는 아이였습니다. 휴대전화를 압수당할 때 친구 거라고 얘기만 했어도 그런 불상사는 일어나지 않았을 것입니다. 선생님이 혜원의 휴대전화는 돌려주고 정미의 휴대전화를 대신 보관했을 테니까요. 혜원이도 이해가 안 되기는 마찬가지였습니다. 정미가 자신의 휴대전화를 뺏겼다는 사실을 알았으면 마땅히 선생님을 찾아가서 자기 거니까 돌려 달라고 말씀드렸어야 했습니다. 혜원이라도 그렇게 했더라면 값비싼 휴대전화를 잃어버리지 않았을 것입니다. 아이들은 어떻게 이토록 쉽고도 당연한 생각을 하지 못한 걸까요?

며칠 후 저는 서 선생님을 대신해서 전교생에게 방송을 했습니다.

"휴대전화를 찾습니다. 며칠 전 음악선생님을 찾아와서 휴대전화를 받아간 사람은 음악실로 다시 가져와 주시기 바랍니다. 착오로 가져간 사실에 대해서는 일체 책임을 묻지 않겠습니다. 푸짐한 선물도 기다리고 있으니 어려워하지 마시고 찾아오시기 바랍니다."

생각해 보면 참 순진한 방송이었습니다. 그 여학생들이 "내가 범인이에요" 하며 나타날 리가 없었던 것입니다. 그 방송은 유사한 사건이 또 일어나지 않도록 경각심을 주는 데에 그쳤습니다.

일주일 후 발급받은 혜원이의 휴대전화 통화내역 조회서에도 단서는 남아 있지 않았습니다. 아이들 말로는 용산 같은 전자상가에 가면 분실한 휴대전화를 1, 2만 원에 사 주는 사람들이 있다고 했습니다. 그 사람들에게도 화가 났지만 그들보다 기업 윤리를 내팽개친 대기업들에게 더 화가 났습니다.

우리나라에서는 사춘기 청소년들을 향한 노골적인 마케팅이 횡행하고 있습니다. 이른바 1318마케팅이지요. 기업들은 청소년을 이용하여 부모들의 지갑을 여는 데 혈안이 되어 있습니다. 이 마케팅의 폐해는 실로 심각한데, 어떤 이들은 아동 학대나 인신매매만큼 나쁜 폭력이라고 비난하기도 합니다. 휴대전화가 그대표적인 예입니다. 아이돌 스타들의 휴대전화 광고 세례를 받은 아이들은 자신에게 최신 휴대전화가 없다는 사실만으로도 괴로움과 상실감에 빠져들게 됩니다. 이는 무의식중에 일어나는 증상이기 때문에 더욱 무서운 것이지요.

혜원이가 담임선생님의 권유를 무시하고 휴대전화를 가져왔던 건 최신 휴대전화가 교실에서 하나의 권력이 되기 때문일 것입니다. 물론 다른 아이가 더 최신형을 가져오기까지 두어 주 동안만 누릴 수 있는 한시적인 권력이었습니다. 한시적이기 때문에 혜원이는 위험을 무릅쓰고 가져왔을 것입니다. 집에다 놔두었다가는 곧 헌 상품이 되어 권력이 소멸되어 버릴 테니까요.

1318마케팅이 폭력적인 이유는 아이들로 하여금 자신을 상품과 동일시하게 만든다는 데 있습니다. 사정이 이렇다 보니 선생님을 속여서 최신 휴대전화를 가로채 간 학생들의 심리도 어느 정도 이해가 됩니다. 아이들이 그걸 용산까지 가서 팔지는 않았을 것 같습니다. 제 생각에는 디엠비를 열심히 시청했을 것 같습니다. 그러면서 자신이 '디엠비를 시청할 수 없는 존재'에서 '디엠비 시청이 가능한 존재'로 신분 상승한 것을 뿌듯해하고 있었을지도 모릅니다. 자본과 시장의 폭력이 실로 무섭습니다. 자본은 자아를 찾아가야 할 청소년들을 물욕에 사로잡히게 만들어 일찍부터 물신을 숭배하게 만들고 있습니다.

안타까운 건 아이들의 물욕을 부추기는 데 부모들도 한몫하고 있다는 점입니다. 부모들은 대개 자녀들의 성적을 올리기 위한 전략으로 휴대전화를 이용합니다. 이번 시험에서 몇 등 안에 들면 휴대전화를 새로 사 주겠다, 평균 몇 점 올리면 최신형으로 바꿔 주겠다며 아이와 거래를 합니다. 아이들은 기를 쓰고 공부해서 목표한 걸 얻습니다. 그리고 다음 시험에서 빠르게 본래의 성적으로 돌아가지요. 아이를 '좋은 상품'으로 만들기 위해 '최신 상품'을 이용해야만 하는 세태를 보면 마음이 참 씁쓸해집니다.

저는 상품으로서의 자아를 내면화한 아이들이 만들어 갈 세상이 무섭습니다. 인간이 점점 더 비싼 상품을 꿈꿀수록 욕망은 무한하게 확장되는 법입니다. 그러나 무한한 욕망은 결코 채워지지 않습니다. 문득, 사무엘 베케트의 희곡 〈고도를 기다리며〉가 떠오릅니다. 절망에 지친 사람들은 '고도'가 오지 않을 거라는 걸 알면서 극의 시작부터 끝까지 그를 기다립니다. 그 모습은 물신과 욕망의 노예가 된 현대인들에 대한 무서운 은유이지요. '오늘'을 저당 잡힌 채 입시와 취업의 감옥 속에서 발버둥치고 있는 우리나라 학생들을 이보다 더 적절하게 보여 주는 은유는 없을 듯합니다. '오늘'을 잃어버린 이들에게 '고도'는 절대로 오지 않습니다.

마음과 함께 몸도 쓰는 아이로 키워야 합니다

현대 문명은 온갖 상품들과 안락함으로 현대인들을 유혹합니다. 우리는 기계와 상품들이 제공하는 안락함에 젖어 영혼이 병들어가는 것을 눈치 채지 못합니다. 중국의 철학서 『장자』에는 벌써 2천 년 전에 '기계의 효율성'에 대해 거리를 두는 내용이 나옵니다.

어느 날 자공이라는 사람이 우물에서 물을 길어 밭에 붓는 노인을 봤습니다. 자공이 왜 용두레라는 기계를 쓰면 편하게 물을 끌어올 수 있는데 그러지 않느냐고 묻자, 노인이 화를 내며 대답했습니다.

"기계라는 것은 반드시 효율을 생각하게 되는데, 효율을 생각하는 마음이 자리 잡으면 본성을 보전할 수 없게 된다. 본성을 보전하지 못하게 되면 생명이 자리를 잃고, 생명이 자리를 잃으면 도가 깃들지 못한다. 나는 기계를 알지 못해서가 아니라 부끄럽게 여겨서 사용하지 않을 뿐이다."

이 말은 편안함에 빠져 정신이 흐려질까 경계하는 것입니다. 생명체에게 편안함보다 불편함이 이롭다는 것은 노르웨이 어부들의 지혜에서도 엿볼 수 있습니다.

바다에서 잡은 정어리들을 큰 배의 저장 탱크에 넣고 장시간 이동하다 보면 많이 죽습니다. 그래서 노르웨이 어부들은 저장 탱크에 정어리의 천적인 메기를 넣는다고 합니다. 정어리들은 살아남기 위해 필사적으로 도망 다니며 목적지까지 대부분 살아남게 됩니다. 불편함이 정어리를 살게 만든 것이지요.

여기서 불편함이란 '몸의 불편함'이라는 사실에 주목해야 합니다. 사실 우리 학생들만큼 지독하게 불편한 삶을 살고 있는 아이들도 없습니다. 그러나 아이들의 불편함은 몸의 불편함이 아니라 마음의 불편함입니다. 그들의 신세는 메기 없는 저장 탱크에 갇혀서 옴짝달싹 못한 채 죽어 가는 정어리들과 다를 바 없습니다. 마음의 불편함만을 감내하며 몸이 불편할 기회를 갖지 못한 아이들은 일상의 불편함을 감당하는 능력이 극히 부족한 존재로 자라게 됩니다.

요즘 아이들은 청소하는 일에 서투를 뿐 아니라 좀처럼 몸의 불편을 감수하려 들지 않습니다. 교실 2분단 청소 담당이었던 호준이가 특히 그랬습니다.

"호준아, 교탁 앞에 걸레질이 안 되어 있다. 제대로 해."

호준이는 마지못해 대걸레를 들고 와서 쓱쓱 걸레질을 했습니다.

"여기 쓰레기도 그대로 있잖아. 이것도 다시 쓸고."

제 말에 빗자루를 가지러 청소함으로 가던 호준이 입에서 "빡쳐!"라는 말이 튀어나왔습니다. 제 귀에 들릴 만큼 충분히 큰 소리였습니다.

"호준이 이리 와 봐. 너 지금 뭐라고 그랬어?"

호준이는 쭈뼛거리며 다가오더니 대답했습니다.

"아무 말도 안 했는데요. 그냥 한 말인데요."

이렇게 자신의 감정을 설명하는 것조차 귀찮아하는 것이 더 심각한 문제입니다. 불편한 건 죄다 싫은 것이지요.

"너 그렇게밖에 못 하겠어? 누가 너 들으라고 '빡쳐'라고 말하면 네 기분이 상하겠어, 안 상하겠어?"

제가 호통을 치자 호준이가 주눅 든 목소리로 대답했습니다.

"모르겠는데요."

"모르면 지금부터 잘 배워. 상하는 거야, 알았어?"

"네."

호준이는 마지못해 쓰레기를 치우고 돌아갔습니다. 호준이는 운동을 좋아하고 매우 활동적인 아이였습니다. 날마다 땀을 흘리고 몸을 놀려야 할 아이가 학교 공부가 끝난 후에 과외를 받고 학원에 갇혀서 지내야 했으니 오죽 답답했을까요.

끝없이 편안함과 소비를 추구하는 자본주의 사회에 살면서 우리는 현자들의 철학을 잃어버린 듯합니다. 살아간다는 것은 저장 탱크 속에서 메기와 함께 여행하는 것처럼 불편하고 지속적으로 문제와 부딪치는 과정입니다. 아이들은 가정과 학교에서 '메기'와의 동행을 통해 이런 통찰들을 쌓아 가야 합니다.

'인생을 어지럽히는 문제들은 불편함 속으로 들어가서 부딪치다 보면 해결할 수 있는 것이구나. 상처받는 것을 두려워하지 않고 불편을 감수할 때 영혼이 한 단계 성장하는구나.'

불편함은 신비한 묘약입니다. 가정과 학교를 뛰쳐나온 소녀들이 찾아오는 '마리아의작은수녀회청소년센터'에서는 구제불능이라고 사회가 포기한 아이들에게 '불편함'이라는 보약을 처방합니다.

이곳에 있는 아이들은 대부분 학교에 적응을 못 했거나 잘못을 저질러서 억지로 끌려왔습니다. 센터의 하루는 그야말로 '뺑뺑이 돌리듯' 스물네 시간이 숨차게 돌아갑니다. 아침 6시 20분에 일어나서 조반을 먹고 컴퓨터반, 학습반, 미용반에 들어가 강도 높은 수업을 받습니다. 오후에는 음악 수업과 악기 수업을 받으며 노래와 악기 연습을 부지런히 하고, 저녁 시간에는 상담과 가족회의, 글쓰기, 각종 모임, 청소하기 등으로 정신없이 보내다 보면 어느새 잠자리에 들 시간입니다. 다음 날 일어나면 또 빽빽한 일정이 기다리고 있습니다. 파워포인트, 워드, 네일아트, 필기 및 실기 시험에 한식, 양식 요리 시험 등등 눈만 뜨면 시험 준비와 시험 보기에 바쁩니다. 이들의 시험 합격률은 100퍼센트를 자랑합니다.

이렇게 불편하고 힘든 삶을 지내다 보면 노르웨이의 정어리들처럼 아이들 속에서도 생명이 살아난다고 합니다. 센터에 왔을 때 자신을 죽이고 싶도록 증오하던 아이들이 공부가 점점 좋아진다거나 앞으로 살날이 걱정돼서 고민을 한다는 말을 하게 되는 것이지요. 그러므로 우리는 아이들이 '불편함을 감당하는 능력'을 기를 수 있도록 이끌어 줘야 합니다.

불편을 감수하는 사람이 의로운 사회를 만듭니다

불편함을 감당하는 능력이 필요한 또 다른 이유는, '의로운 사회'는 공동선을 위해 기꺼이 불편해질 수 있는 구성원들에 의해 이루어지기 때문입니다.

연구공동체 '수유너머'에서 가장 치열한 갈등이 일어나는 지점은 학문이나 사상이 아니라 '일상'에 관한 일들이라고 합니다. 누가 밥을 할 것인가, 설거지는 어떻게 할 것이며 청소는 언제 할 것인가 하는 일들로 자주 싸운다고 합니다. 이는 곧 불편함을 나누는 일 때문에 싸우는 것입니다. 공동체 생활에서 불편함을 감수하는 능력이 부족한 사람은 동료들에게 폐를 끼치게 됩니다.

결국 그들은 공동체의 골칫거리가 되거나 그곳을 떠나게 됩니다.

고미숙은 사무실이 깨끗지 못한 시민단체를 향해 "왜 청소를 하지 않느냐"며 쓴소리를 마다하지 않습니다. 대개의 시민단체들은 박봉에 과중한 업무를 처리해야 하는 곳입니다. 업무에 치여 야근을 밥 먹듯이 하는 활동가들의 사무실은 대부분 지저분하기로 소문이 나 있습니다. 고미숙은 "공간을 더러운 상태로 내버려 두는 것은 그곳을 사랑하지 않는 것이다. 자신이 몸담고 있는 공간조차 사랑하지 않는 사람이 어떻게 사회를 살기 좋은 곳으로 변화시킬 수 있겠느냐?"고 질타합니다. 그렇습니다. 정의롭고 살 만한 사회는 자신이 서 있는 공간을 깨끗하게 청소하는 사람들, 자신과 동료들이 먹고 남은 그릇들을 부지런히 설거지하는 사람들, 힘든 노동을 끝내고 온 가족과 동료를 위해 따뜻한 밥을 챙겨 주는 사람들이 만드는 것입니다. 기꺼이 불편을 감수하는 사람들이야말로 의로운 사회를 만들어 가는 진정한 일꾼들입니다.

저는 앞에서 아이들이 제때에 배워야 하는 것 두 가지를 꼽았습니다. 타인과 공감을 나누며 관계하는 법, 자신의 잘못에 대해 책임지는 법. 이제 머리만 쓰는 것이 아니라 몸도 함께 쓰는 아이로 키우십시오. 몸의 불편함을 감수할 줄 아는 아이로 자라게 하십시오. 그러면 아이들은 제때 배워야 할 두 가지를 자연스레 체득할 것입니다.

가난한 마음으로 가족 세우기
가족회의로 공동체의 의 세워 가기

　나는 아이와의 불화로 상담을 청하는 학부모님에게 가족회의를 해 볼 것을 권유한다. 이는 『희망의 인문학』에 소개된 어느 흑인 가정의 이야기를 접하고 생각해 낸 것이다. 인종차별이 심한 미국 사회에서 흑인들이 빈민가를 벗어나기란 하늘의 별 따기만큼 어렵다고 한다. 흑인 남성 중 절반이 감옥에 갈 정도라고 하니 그 구조적 불평등이 얼마나 심각할지 충분히 상상이 된다.
　그런 빈민가에서 한 흑인 어머니가 자녀를 교육한 방법은 주목을 끈다. 아버지는 큰 빚을 남기고 집을 나간 후 돌아오지 않았다. 그 후부터 어머니는 가족회의를 통해서 가정의 문제와 식구들의 고민을 남김없이 털어놓고 함께 의논했다. 당장의 생활비를 버느라 온 가족이 바빴기 때문에 딸들은 물론 아들들까지 자기

빨래는 자기가 하도록 원칙을 정했다. 어머니는 가족회의 때 돈 문제까지 다 꺼내 놓았다. 찢어지게 가난했던 탓에 늘 돈이 가장 큰 문제였다. 그런데 그 문제를 해결할 수 있는 방법을 아이들이 내 놓았고, 온 가족이 힘을 합쳐 헤쳐 나갈 수 있었다. 그렇게 자란 자녀들은 장성하여 모두 어엿한 직장을 얻고 중산층의 삶에 진입했다고 한다. 가족회의를 통해 강화된 가족공동체의 힘으로 모든 난관을 극복할 수 있었던 것이다.

실제로 지난해 나의 권고를 받아들여 가족회의를 꾸준히 했던 한 어머니가 자녀와 관계를 회복하고 가정이 화목해지는 성과를 얻었다. 그 어머니는 가족회의를 시작한 지 한 달 만에 내게 감사의 전화를 했다.

그렇다면 우리 가정은 가족회의를 잘 하고 있을까? 나의 대답은 '그렇지 않다'이다. 우리 부부와 딸 사이가 남부럽지 않게 친밀한지라 굳이 회의를 할 필요가 없었노라는 변명 정도는 할 수 있을 것 같다.

아들이 지방 고등학교에 내려가기 전 가족회의를 두어 번 정도 한 적이 있다. 주로 가정에 큰 위기나 갈등이 생겼을 때였다. 아들이 중2 때 공부만 하고 책을 잘 읽지 않는 문제로 나는 가족과 심한 갈등을 겪었다. 어떤 이들은 참 배부른 갈등도 겪었다고 흉을 볼지 모르겠으나, 그 당시 우리 가정은 심각한 불화 상태에 처해 있었다. 홀로 고립되어 있던 나는 어느 날 가족들에게 회의를 하자고 제안했다. 그때 온 가족이 처음으로 자신의 생각을 다 털어놓았다. 결국 가족들의 생각을 들은 후 내 생각을 내려놓게

됨으로써 갈등이 해결되었다.

 그러다 아들이 중3 2학기가 되었을 때 또다시 고비가 찾아왔다. 이미 말했던 대로 우리 부부는 아들이 공립고에 가기를 원했다. 일단 교육비가 적게 든다는 것이 첫 번째 이유였고, 인문계 고교에서도 아들이 잘 해낼 거라는 믿음이 두 번째 이유였다. 그런데 아들은 과학고나 자사고에 가기를 강력하게 원했다. 자신의 실력이 어디까지인지 시험해 보고 싶은 마음이 강한 듯했다. 아들은 태생적으로 '탁월함'을 좇는 성격이었다. 그리하여 자사고 중에서 교육비가 비교적 낮은 곳에 지원했고 무난히 합격을 했다.

 그런데 합격의 기쁨에 취할 새도 없이 우리 가정에 예기치 못한 위기가 찾아왔다. 아들과 같은 학원 출신의 선배가 그 학교 1학년에 재학 중이었다. 아내가 아들 선배의 어머니와 통화를 하여 이런저런 정보를 들었는데 그게 화근이었다. 수학을 따라가지 못해 낙오하는 아이들이 많다는 말을 들은 아내는 바로 선배 어머니가 소개해 준 학원에 등록을 했다. 우리 가정이 경쟁의 열차에 떠밀리듯 올라타는 순간이었다. 첫 수업을 받고 온 아들은 기가 질린 표정이 역력했다. 자신은 『수학의 정석』 기본도 배우지 않았는데 정석 기본과 정석 실력까지 함께 진도가 나간다는 것이었다. 게다가 그 반에서 함께 공부하는 아이들은 이미 정석 기본을 공부한 아이들이었다.

 아내의 태도는 적잖이 바뀌어 있었다. 첫 수업을 받고 기가 죽은 아들에 대한 걱정으로 몹시 흔들리는 듯했다. 그런데 아들이 이전 학원 선생님과 통화를 하고 난 후에 갑자기 햇빛을 받은 얼굴이 되어 말했다.

"엄마, 수학선생님이 학교에 체험 학습을 쓰고 정석 기본 인터넷 강의를 들으면서 공부하면 학원 진도를 따라갈 수 있을 거래."

"아! 그런 방법이 있었구나! 왜 그 생각을 못 했을까?"

아내의 얼굴도 환하게 밝아지고 있었다. 아들과 아내의 얼굴에서 생기가 도는 걸 기뻐하며 내가 생각 없이 말했다.

"그것도 괜찮은 거 같은데…."

그러나 다음 순간 퍼뜩, 하고 뇌의 시냅스가 요동치는 소리가 들렸다. 나는 즉시 안도하고 있던 아내와 아들에게 말했다.

"어, 근데 있잖아. 내가 다른 학교에 있으면 몰라도 같은 학교에 있는데, 아들이 자기 공부하려고 체험 학습을 쓰는 건 좀 아닌 것 같다."

나는 그해 공교롭게도 아들이 다니는 학교에서 근무하고 있었다. 아내가 내 표정을 살피며 조심스럽게 말했다.

"내 생각엔 당분간 체험 학습을 쓰고 공부하는 게 좋을 것 같아. 어차피 3학년 애들은 학교에서 공부도 안 한다면서…."

"아니지. 우리가 둘 다 공립학교 교사잖아. 아들을 사립 특목고에 보낸 것부터가 떳떳하지 못한 일인데, 그 학교 선행 학습을 시키려고 공립학교 수업을 빼먹게 한다는 건 말이 안 돼. 그건 공립학교 교사인 우리가 공교육을 스스로 부정하는 행위야."

나는 어느새 공교육을 지키는 투사가 되어 있었다. 아내가 곤혹스러운 얼굴로 말했다.

"자기 입장도 이해가 가지만 지금은 한이를 중심으로 생각하는 게 맞을 거 같아."

내가 울 것 같은 표정으로 말했다.

"내가 전교조 교사랍시고 교육이 어떻고 하면서 해 온 말들이 있는데, 어떻게 아들한테 인강을 듣게 하려고 체험 학습을 쓰게 해? 다른 학교에 있었다면 그럴 수도 있다고 치지만. 한이 네 생각은 어때?"

아들이 무거운 얼굴로 대답했다.

"저도 아버지 입장이 어려워지는 건 이해가 되지만, 아버지가 같은 학교에 있다는 것 때문에 체험 학습을 못 쓸 것까지는 없다고 생각해요."

아내와 아들은 내 입장이 공감이 되긴 하지만 자신들의 뜻을 굽힐 수 없다는 확고한 의지를 갖고 있었다. 이쯤 되면 내가 뜻을 접을 수밖에 없었다. 정말 교양 있게 사람을 잡는 모자였다.

"그럼, 네가 알아서 해. 그 대신 담임선생님한테 친척집 방문이라거나 캠프에 참가한다고 거짓말은 하지 말고, 솔직하게 고등학교 선행 학습 하려는 거라고 말씀드려. 그래서 선생님이 허락해 주시면 쓰고 허락하지 않으시면 포기해."

가장의 입장을 고려해 주지 않은 아내와 아들에게 못내 섭섭했지만, 긴급 가족회의를 그렇게 끝낼 수밖에 없었다. 실제로 아들이 체험 학습을 쓴다면, 나는 전교조 교사로서 매장당하는 결과를 가져올 것이었다. 그동안 했던 말과 주장들이 부끄러워져서 다음 해 전근 요청이라도 해야 할 판이었다.

다음 날, 아들 담임선생님에게 의논을 드렸다. 담임선생님은 바로 옆자리에 있는 분이었다. 전날 있었던 일을 대강 설명 드린 후, 아들이 체험 학습을 요청하더라도 허락하지 않으셨으면 좋겠노라는 부탁을 드렸다. 담임선생님은 씨익 웃으시더니 알아서 잘하겠노라는 애매모호한 대답을 들려주셨다. 나로서는 평소 쌓아 둔 동료애를 믿어 보는 수밖에 달리 길이 없었다.

  그날부터 나는 집에서 암묵적인 시위에 들어갔다. 아내와 아들에 대한 섭섭함을 표정과 분위기로 여과 없이 내비쳤다. 한동안 집안의 분위기가 냉랭했음은 물론이다.

  아들은 두어 번 담임선생님께 드릴 말씀이 있다는 말까지는 했지만, 결국 체험 학습을 쓰고 싶다는 말은 꺼내지 못했다. 같은 학교에 있는 아버지의 체면 때문에 차마 입이 떨어지지 않은 모양이었다. 그렇게 차일피일 날짜가 지나갔고, 어느덧 겨울방학이 다가왔다. 아버지의 입장을 위해 자신의 계획을 포기할 줄 안 아들이 고맙고 대견했다. 다급하게 진행한 가족회의와 무언의 시위가 없었다면 얻기 힘든 결과였을 것이다.

6장
마음을 비우면 부모도 아이도 만족하게 됩니다

나는 특별하다는 의식, 내 아이는 특별한 존재가 되어야 한다는 관념, 특별해지려는 이런 욕망이 모든 불행과 비극의 씨앗입니다. 가난한 마음은 '나는 특별하다'는 망상이 사라진 마음입니다. 마음을 비운 사람은 평범함을 사랑합니다. 더 높아지려는 마음, 더 많이 가지려는 마음을 계속해서 털어 냅니다.

우리 사회는 끊임없이 '만족의 결핍'을 세뇌합니다. 만족의 결핍은 영원히 채워질 줄 모르는 악마와 같습니다. 그런 마음으로는 아이를 똑바로 보지 못합니다. 아이를 끝없이 부족하고 모자란 존재로 인식하게 만듭니다. 마음이 가난한 사람은 아이에게 만족합니다. 이 땅에서도 천국을 누립니다.

평범함을 사랑함으로 위대함에 이릅니다

한 사회의 성숙도를 가늠하는 것은 무엇일까요? 그것은 구성원들이 추구하는 가치가 얼마나 고귀한가로 판단할 수 있을 것입니다. 사람들이 저급한 것을 추구하는 사회일수록 천박한 모습을 갖게 되리라는 것 또한 자명하겠지요. 장영희 교수가 쓴 수필 『내 생에 단 한 번』에 이런 이야기가 나옵니다.

집안 가득 명품 가방과 옷들을 사 놓았으면서도 광고를 볼 때마다 빚을 지면서까지 계속 사들이는 여자가 있었습니다. 여자가 명품에 중독된 이유는 단순했습니다. 명품을 들고 다니면 사람들이 자신을 쳐다보는 눈길이 느껴졌기 때문입니다.

다른 사람의 눈길을 받으며 '특별해지려는 것'은 병의 일종일지도 모릅니다. 특별해지려는 사람들의 세상은 피라미드형 사회를 만듭니다. 대단히 특별한 사람들이 꼭대기에서 군림하고 조금 특별한 사람들이 그 아래, 평범한 사람들이 바닥을 받쳐 주는 사회이지요. 그 사회에서 평범한 사람들은 저급한 존재로 전락하게 됩니다. 이런 가치관의 세례를 받으며 사는 사람들은 사다리를 올라가기 위해 타인을 짓밟는 아비규환의 세상을 만들기 쉽습니다.

'나는 특별하다'는 망상이 불행을 낳습니다

부회장 지수는 공부도 성실히 하고 예의도 바른 모범생이어서 선생님들의 사랑을 독차지하는 아이였습니다. 저 역시 싹싹하고 잘 웃는 지수를 볼 때마다 기분이 좋아지곤 했습니다. 그런데 2학기에 지수가 써 낸 사색장에는 전혀 상상하지 못했던 내용이 적혀 있었습니다.

'내가 자주 꾸는 꿈'이라는 주제의 글이었는데, 지수는 밤새도록 길을 찾지 못하고 헤매는 꿈을 꾸느라 잠을 제대로 자지 못하는 생활을 지속하고 있었습니다. 그 꿈은 지수의 인생길이 꽉 막혀 답답한 삶을 살고 있다는 메시지를 전하고 있었습니다.

며칠 후 워드 작업을 도와달라고 부탁하며 지수를 남겼습니다. 간단한 작업을 마친 후 지수와 저녁을 먹으며 이런저런 얘기를 나눴습니다. 제가 꿈 얘기를 꺼내고 집안 형편을 묻자, 지수는 비밀 보장을 요구하며 자신이 사는 얘기를 털어놓았습니다.

지수는 학교에 있을 때가 가장 행복하다고 말했습니다. 공부로 찌든 중3 학교생활이 가장 행복하다뇨! 지수의 아버지는 몇 년 전부터 거의 실업자 생활을 하고 있었습니다. 가끔씩 어머니가 운영하는 식당에 나가 카운터를 봐 줄 뿐, 가정 경제에 전혀 도움이 되지 못했습니다. 자격지심 때문인지 아버지는 술만 마시면 어머니와 싸우다 감정이 격해져서 휘발유를 뿌리며 같이 죽자고 난동을 부렸습니다. 생활이 어려워지면서 아버지는 더 자주 어머니에게 싸움을 걸었고 지수의 가정은 하루하루 지옥이 되어 갔습니다.

지수를 더 괴롭게 한 건 아버지보다 어머니인지도 모릅니다. 어머니는 아버지와 한바탕 난리를 칠 때마다 지수 방을 찾아와서 아버지 욕을 해 댔습니다. 지수가 잘못을 하면 "지 애비 닮아서 변변하게 하는 게 없다"며 비난을 퍼붓기도 했습니다.

성품이 착했던 지수는 "너 하나 보고 산다"는 어머니를 위해 항상 긴장하면서 생활했습니다. 어머니의 욕구에 맞춰 사느라고 자신의 욕구나 꿈을 돌아볼 겨를이 없었습니다. 더 안타까웠던 건 친구들에게 자신의 처지와 고민을 털어놓을 엄두를 내지 못했다는 것입니다. 친구들이 약점을 알게 되면 자신을 비웃으며 멀리할 거라는 두려움 때문이었습니다.

지수 어머니는 자신을 남편보다 훨씬 특별한 존재라고 인식하고 있는 듯했습니다. 그녀는 서울의 4년제 대학을 나왔고 세계문학을 좋아하던 문학소녀였다고 합니다. 그런데 친정 부모의 반대를 무릅쓰고 고졸이었던 남편과 결혼을 했습니다. 활동적이고 사교성이 좋았던 그녀는 모든 면에서 남편을 비하하기 시작했고 자신이 그런 남자와 결혼한 사실을 한스러워했습니다.

지수는 그런 어머니에게 이중적인 감정을 갖고 있었습니다. 한편으론 존경하면서도 한편으론 미워했던 것이지요. 지수는 고유한 자아를 잃어버리고 '어머니의 욕망의 대리자'로 살면서 큰 혼란을 겪고 있었습니다. 그 괴로움 때문에 밤마다 악몽을 꾸며 잠을 이루지 못했나 봅니다. 지수 어머니를 만나 지수의 꿈 이야기를 하려고 몇 번 시도해 보았지만, 음식점 일이 바쁘다고 해서 끝내 만날 수가 없었습니다.

특별해지려는 욕망과 특별하다는 망상을 내려놓는 일은 쉽지 않습니다. 지수 어머니의 모습을 보면서 특별해지려고 할수록 특별함에서 멀어지는 걸 발견하게 됩니다. 반면에 평범해지려고 함으로써 그 평범함을 넘어 비범함에 이르는 사람도 있습니다. "내가 아무것도 아니라는 사실에 완전히 만족하는 사람이 될 때 비로소 자유롭고 충만한 존재가 된다"는 앤서니 신부의 말이 다시금 가슴에 와 닿습니다.

모두가 평범해질 때 평등이 도래합니다

장영희 교수는 생후 1년 되던 날, 갑자기 발생한 40도 넘는 고열로 소아마비가 되었다고 합니다. 어머니의 등에 업혀 초등학교를 다녔고 유학까지 다녀와 교수가 된 그녀의 생애는 인간 승리의 드라마로 칭송을 받아 왔습니다. 그러나 그녀는 특별해지기보다 평범해지길 소망한 사람이었습니다. 『문학의 숲을 거닐다』에서 자신의 새해 소망을 이렇게 적고 있습니다.

> 나는 새해가 더도 말고 덜도 말고, 별로 '특별'하지 않은 가장 보통의 해가 되었으면 좋겠다. … 누구나 노력한 만큼의 정당한 대가를 받고, 상식에서 벗어나는 기괴한 일이 없고, 별로 특별할 것도, 잘난 것도 없는 사람들이 서로 함께 조금씩 부족함을 채워 주며 사는 세상. … 특별히 인기 있는 선생이 되지 않아도 보통쯤의 선생으로 학생들과 함께한다면 … 내게는 보통이 아니라 아주 특별하게 좋은 한 해가 될 것 같다.

저는 앞서 우리 사회를 피라미드 사회라고 지칭했는데, 마름모 사회라고 수정해야 더 정확할 것 같습니다. 실제로 우리가 살고 있는 사회는 피라미드 아래 작은 역삼각형 구덩이가 있는 마름모의 형태를 갖고 있습니다. 밑바닥에서도 기거하지 못하고 빠져나올 수 없는 구덩이에 갇혀 사는 사람들은 빈민들과 노숙인, 범죄자들입니다.

피라미드든 마름모든 이 불공평한 사회를 구원할 수 있는 길은 꼭대기에 있는 사람들이 평평한 곳으로 내려오는 길밖에 없습니다. 구성원들이 성공을 부끄럽게 여기며 평범해지기를 염원하는 사회가 될 때 비로소 모두가 평등해질 것입니다. 그런데 과연 그런 사회가 있을까요?

복지제도가 가장 발달되어 있다는 북유럽의 노르웨이. 리크헤트_{평등}를 최우선의 가치로 여기는 노르웨이에서는 사회 구성원들을 평등하게 협력하고 연대하는 존재로 보는 관점이 널리 퍼져 있습니다. 노르웨이 사회는 대학까지 무상교육을 제공하며, 배관공의 임금이 교사와 비슷할 정도로 직업 간의 임금 격차가 크지 않습니다.

그들이 신봉하는 리크헤트는 우리가 생각하는 것과 크게 다릅니다. 우리는 부자들에게 높은 세금을 매겨 가난한 이들에게 재분배하는 것을 평등이라고 여기는 데 비해, 그들은 모든 사람들이 일자리를 나눠 갖고 차별 없는 임금을 받는 것을 평등이라 생각합니다. 가난한 사람이 생기지 않으려면 처음부터 부를 쓸어가는 부자가 생기지 않아야 한다는 것입니다.

노르웨이의 학생들은 좋은 성적을 얻기 위해 치열한 경쟁을 벌이기보다 남과 비슷하거나 평균보다 약간 더 나은 성적을 받는 것에 만족합니다. 한국 학생은 남보다 우월한 존재가 되기 위해 학업 경쟁을 하고 있지만, 노르웨이 학생들은 '타자와 연대하고 협력할 수 있는 평범함'을 실현하기 위해 공부한다고 합니다.

노르웨이는 특별함이 아니라 평범함을 미덕으로 여기는 사회입니다. 그들은 모두가 평범함에 이르기 위해 노력함으로써 가장 살기 좋은 사회를 만들고 있습니다.

아이러니컬하게도 북유럽의 노르웨이 사회는 동양의 도가道家 사상을 가장 잘 구현한 사회로 보입니다. 도가의 창시자인 노자는 현명함을 숭상하지 않음으로써 백성들로 하여금 다투게 하지 않아야 한다고 말했습니다. 그런 사회는 교사와 배관공의 임금에 차별이 없는 사회라야 가능합니다.

또한 노자는 공을 세웠더라도 공로를 차지하지 말아야 하며, 그 공에 대해서 말조차 하지 않는 것이 도道라고 했습니다. 타인의 칭송을 받을 때 운이 좋았을 뿐이라는 태도를 요구하는 노르웨이 사회가 바로 그런 사회입니다. 높은 수준의 철학을 체화하고 있는 성숙한 사회이지요.

조금 모자라는 자리가 가장 좋은 자리입니다

다수가 꼭대기에 오르기 위해 악다구니를 치며 경쟁을 벌이는 사회에서는 특별함에 물들지 않기가 어렵습니다. 우리 사회에서 성공을 이룬 사람들 중에 '특별해 보이는 자신'에게 취하지 않은 사람을 보는 일 또한 매우 드문 일일 것입니다.

그런데 불교에서는 자신이 특별하다는 생각은 망상이라고 합니다. 자신을 특별한 존재로 생각하는 순간 '그르치게' 된다는 것입니다. 자신을 특별하다고 여기는 순간, 차별이 발생하기 때문입니다. 내가 특별하다는 생각에는 다른 사람들은 평범하다(특별하지 않다)는 망상이 깔려 있습니다. 그런 망상과 오만이 우리 사회를 저급하고 살벌한 마름모 사회로 만들고 있는 것입니다. 마름모의 사회는 평범함을 사랑하는 사람들에 의해서 평평해질 수 있습니다.

『주역』은 '득위得位'라는 개념을 통해서 평범함에 이르는 지혜를 알려 줍니다. 『주역』에 의하면 사람에게 가장 알맞은 자리는 자기 능력의 70퍼센트 정도를 발휘하는 자리입니다. 조금 모자라는 자리가 가장 좋은 자리라는 것입니다. 인간은 30퍼센트 정도의 힘을 남겨둘 때 창의성을 가장 잘 발휘할 수 있다고 합니다. 그 여력은 동료들과 원만한 인간관계를 갖게 할 뿐만 아니라 위기가 닥쳤을 때 유연하게 대처하게 하는 원동력이 되지요.

반대로 득위하지 못하면, 곧 자신의 자리가 아닌 곳에 앉으면 불행하게 된다고 말합니다. 70퍼센트의 능력을 가진 사람이 100퍼센트의 능력이 요구되는 자리에 앉으면, 아첨과 위선을 행하게 되고 불량품을 생산하게 됩니다. 이쯤에서 우리나라 부모들에게 묻고 싶습니다. 당신은 오늘 아이에게 얼마의 힘을 쓰라고 요구하고 있습니까? 선행 학습을 요구하는 것은 100퍼센트를 써도 힘든 아이들에게 150퍼센트, 200퍼센트를 요구하는 것이 아닐지 생각해 볼 일입니다. 이런 삶이 지속되기 때문에 아이들의 인성이 속수무책 무너지고 있는 것입니다. 우리는 득위의 지혜를 배워야 합니다. 조금 느슨해 보일지라도 70퍼센트 정도의 힘으로 공부하게 하는 것이 긴 안목에서 더 효과적일 뿐 아니라 건강하고 행복한 자아를 형성하게 해 줄 것입니다.

프로스포츠 선수 중에서 득위의 지혜가 가장 빛나는 선수는 박지성입니다. 그는 영국 신문 가디언 지로부터 더 이상 새로울 게 없을 것 같은 축구 전술에 '수비형 윙어'라는 새로운 포지션을 만들어 냈다는 평가를 받았습니다.

박지성은 누구와도 경쟁을 하지 않은 것이 세계적인 선수들과의 경쟁에서 살아남은 비법이라고 말합니다.

그는 경쟁은 자신과 치열하게 하는 것이라는 신념을 갖고, 끊임없이 기본기를 연마하면서 생각하는 축구 능력을 쌓아 나갔습니다. 축구는 화려한 기술보다 판단의 속도가 중요하고, 개인기에 의한 돌파보다 빈 공간을 만들어서 패스를 원활하게 하는 것이라는 소신을 끝까지 지켰습니다.

박지성은 왜 골을 많이 넣지 못하느냐는 지적을 종종 받아 왔습니다. 그는 그 말에도 크게 집착하지 않았습니다. 루니나 호날두처럼 골을 결정짓는 자리가 자신의 자리가 아님을 잘 알고 있었기 때문입니다. 『나를 버리다』에서 그는 자신의 축구 철학에 대해 이렇게 말합니다.

> 큰 것만 좇다 보면 조급해집니다. 승리보다는 스스로를 더 챙기게 됩니다. 결국 본인에게도, 팀에도 좋지 않은 결과를 만들어 냅니다. 더 큰 성공은 한 탕으로는 결코 이룰 수 없는 것들입니다. 사소한 것, 쉽게 놓칠 수 있는 주변의 것들을 소중히 챙기다 보면 항상 더 큰 선물이 내 앞에 놓여 있습니다.

영국의 축구 해설가 미키 토머스는 박지성도 더 많은 골을 넣을 능력이 있지만 그것은 어느 선수나 할 수 있는 것이라며 자신의 방법대로 경기에 결정적인 영향을 주는 박지성의 플레이를 높이 샀습니다.

특별해지려고 애쓰지 않은 것이 박지성을 위대한 선수로 만든 것입니다.

우리가 악마가 되는 건 '만족의 결핍' 때문입니다

몇 해 전에 기절놀이가 학교마다 유행한 적이 있었습니다. 기절놀이는 목의 급소를 손가락 등으로 압박하여 일시적으로 기절 상태에 이르게 하는 것입니다. 이 놀이가 유행한 것은 의식을 잃기 직전에 강렬한 쾌감을 느끼게 해 주기 때문이었습니다.

서울대 심리학 교수 곽금주는 기절놀이가 인간의 '위험 추구 성향'에서 비롯되었다고 말합니다. 인간은 위험을 감수하고 도전하는 행위를 통해서 수많은 발전을 해 왔습니다. 위험한 행동은 또한 일상에서 누적된 긴장을 해소하는 기능을 하기도 합니다. 목숨을 앗아가기도 하는 이 위험한 놀이가 학생들 사이에서 퍼지는 것은 그들의 마음에 그만큼 스트레스가 누적되어 있음을 보여 주는 것이지요.

인간의 무의식은 쌓여 있는 긴장을 건강하게 해소하지 못할 때 더 큰 긴장으로 해결하려 한다고 합니다. 더 긴장되고 위험한 활동을 완수하는 과정에서 나머지 긴장도 함께 사라지기 때문입니다. 아이들이 공포 영화에 열광하는 것이나 자기 파괴적인 비행에 빠지는 것도 그런 맥락에서 이해할 수 있을 것입니다.

텔레비전이나 신문에서만 듣던 기절놀이 사고가 우리 학교에서도 터졌습니다. 1학년 승환이가 인터넷에서 습득한 기절놀이 방법을 친구에게 알려준 뒤, 자신을 실험 대상으로 제공했던 것입니다. 무심코 행했던 기절놀이는 위험한 상황을 연출할 뻔했습니다. 맥없이 기절한 승환이는 119구급차에 실려 갔는데, 쓰러지면서 벽이나 모서리에 머리를 부딪혔으면 목숨을 잃을 수도 있었습니다.

기절놀이는 우리 문화에 대한 무서운 경고를 담고 있습니다. 갈수록 격해지는 학력 경쟁 속에서 크고 작은 좌절을 경험하는 아이들은 내면에 누적되는 부정적인 감정들을 말초적인 연예 방송이나 게임으로 풀게 됩니다. 아이들의 삶이 피폐해질수록 게임과 연예 방송은 더 자극적으로 변해 왔습니다. 점점 폭력적이고 잔인해지는 게임과 성행위를 연상시키는 소녀들의 춤으로 도배된 방송을 보십시오. 그것들은 아이들의 자극 역치를 높였고, 웬만한 자극에는 흥미를 느끼지 못하게 된 아이들은 기절놀이에 빠져들었습니다.

기절하고 싶은, 죽지는 못하는…

다음 해 승환이는 우리 반이 되었습니다. 첫 글쓰기 과제로 자서전을 써 오라고 했는데, 승환이의 자서전은 충격적인 내용으로 가득했습니다. 승환이는 공부 하나 빼고는 모든 게 완벽에 가까운 아이였습니다. 얼굴은 꽃미남인 데다가 성실했고 성격도 좋았습니다. 그런데 자신을 쓰레기나 루저로 표현할 정도로 자존감이 낮고 부정적이었습니다. 성적표가 나올 때마다 아버지에게 두들겨 맞았던 게 가장 큰 원인 같았습니다.

승환이가 처음부터 패배자였던 건 아닙니다. 승환이는 초등학교 때 발명왕으로 소문이 자자했습니다. 1학년 때 고무동력기 날리기 대회에서 5, 6학년들을 제치고 1등을 차지할 정도로 만들기 재능도 탁월했습니다. 승환이는 고무동력기 대회뿐만 아니라 과학상자 조립 교육청 대회에서 입상할 정도로 2, 3학년까지 과학 신동으로 이름을 떨쳤습니다.

그러나 4학년이 시작됨과 동시에 승환이의 삶에 먹구름이 덮치기 시작했습니다. 아버지가 비싼 학원에 등록시키고 공부를 강요하면서부터였습니다. 승환이는 왜 공부해야 하는지도 모른 채 수학과 영어 학원 등에서 시간만 때우는 생활을 계속해야 했습니다. 처음, 성적 때문에 아버지에게 맞았을 때는 겁이 많이 났지만 지금은 될 대로 되라는 심정으로 매타작을 당한다고 합니다. 저는 비로소 키도 크고 잘생긴 승환이의 눈이 항상 흐리멍덩했던 이유를 알 것 같았습니다. 자기 주관이 뚜렷하지 못했던 승환이는 2학년 내내 친구들에게 휩쓸려서 크고 작은 사고를 저질렀습니다. 승환이는 아버지의 머릿속에 각인되어 있는 모습 그대로 변해 가는 듯했습니다.

초등학교 3학년 때까지 승환이의 자존감은 하늘을 날아가는 고무동력기처럼 높았습니다. 4학년 이후에도 아버지가 발명왕의 꿈을 계속 키워 주었다면 승환이는 어떤 아이가 되었을까요? 공부는 잘하지 못하더라도 자기 주관이 뚜렷하고 자신감이 충천한 아이가 되지 않았을까요?

승환이처럼 부모로부터 쓰레기 취급을 받으며 사는 아이들은 죽고 싶거나, 죽지 못해서 기절이라도 하고 싶은 심정으로 살아갑니다. 아이들의 기절놀이는 그런 절박한 호소일 것입니다.

악마의 실체는 '만족의 결핍'입니다

얼마 전 인터넷에서 접한 중학생 방화 사건은 온몸에 소름이 돋게 할 정도로 무서운 기사였습니다. 그 중학생은 아버지를 살해하려고 새벽 4시경에 집에 불을 질렀습니다. 아버지가 자고 있던 안방과 주방에 휘발유를 뿌리고 불을 지른 뒤 나가 버렸는데, 그로 인해 아버지와 거실에게 자고 있던 할머니, 여동생까지 불에 타 죽고 말았습니다. 평소에 판검사가 되라고 강요하는 아버지를 죽이고 싶어서 그런 사건을 저지른 것이었습니다. 짧은 신문기사는 비극적인 가족의 내력을 다 담을 수 없었을 것입니다. 어쨌든 그 학생은 자신이 의도한 것보다 더 악마 같은 범죄를 저지르고 말았습니다. 그 아이는 과연 처음부터 그렇게 악했을까요?

아이들의 삶이 불행한 것은 부모들의 삶이 불행하기 때문일 것입니다. 통계에 따르면 한국인의 행복지수는 100위권 밖이고 자살률은 선두권이라고 합니다. 우리는 가난한 나라 사람들이 코리안 드림을 꿈꿀 정도로 부유해진 대한민국의 국민입니다. 그런데 왜 자신의 삶을 불행하다고 느끼는 걸까요? 성 필립보 생태마을의 관장 황창연 신부는 한국인의 삶의 가치 기준이 100년 전에 머물러 있기 때문이라고 분석합니다.

평균 수명이 46세였던 100년 전에는 자식을 낳아 교육시키는 것이 인생의 중대사였습니다. 평균 수명 100세를 바라보는 오늘날에도 부모들은 자신의 인생까지 저당 잡힌 채 자식의 교육에 모든 것을 걸고 있습니다. 가계의 출혈을 무릅쓰고 아이를 사교육 감옥으로 내몰면서까지 자신의 인생을 소모하고 있습니다. 그 과정에 '만족의 결핍'이라는 악마가 끼어듭니다. 자기 삶을 다 쏟아 부은 부모들은 웬만해서는 자녀의 성적에 만족을 하지 못합니다. 소위 엄친아보다 공부를 더 잘해야만 만족의 결핍이 사라질 것입니다. 그러나 자식의 성취에 100퍼센트 만족하는 부모는 세상에 없습니다. 부모의 마음에 결핍이 커질수록 악마도 점점 자라게 됩니다. 자기 속에 있는 결핍을 아이에게 투사하여 아이를 악마로 만들고 있는 것, 그것이 오늘 한국 부모들의 초상이 아닐까요?

황 신부는 평균 수명 100년 시대에는 부모의 가치 기준이 변해야 한다고 말합니다. 그는 모든 것을 다 내어 준 다음에, 여생 동안 자식들이 찾아오지 않는다고 한탄만 할 거냐면서 이렇게 경고 합니다. "자식을 키워 내보낸 후에도 남는 인생이 50년이다. 그 기간은 온전히 자신과 반려자가 책임져야 한다. 자식이 20, 30대에 빨리 출세하는 게 더 이상 좋은 세상도 아니다. 40, 50대에 정리해고가 기다리고 있기 때문이다. 이미 부모의 여생을 자식들이 책임져 줄 수 있는 시대도 아니다." 시대가 급변하고 있으니 패러다임이 변해야 하건만, 부모들의 시야는 아직도 자녀의 성적과 출세에 갇혀 있습니다.

자본주의의 소비문화도 지속적으로 구성원들에게 '만족의 결핍'을 세뇌합니다. '얼마나 많이 소비할 수 있는 존재가 되느냐'가 성공의 유일한 척도가 됩니다. 그러나 결핍은 결코 채워지지 않습니다. 무한소비 사회에서 만족의 기준은 무한하게 커지기 때문입니다.

만족의 결핍은 아이의 모습을 끝없이 부족하고 모자란 존재로 인식하게 만듭니다. 부모의 '만족의 결핍 프레임'에 갇힌 아이들이 어떻게 변해 가는지 살펴볼까요? 부모의 프레임이 작동하지 않는 갓난아이는 그 자체로 하느님입니다. 공부 능력을 보여 줄 기회가 없는 대여섯 살까지의 아이들도 하느님의 신분을 유지할 수 있습니다. 다칠세라 아플세라 지나칠 정도의 사랑을 독점합니다. 가능성이라는 장막에 가려져 있는 초등 저학년까지만 해도 아이들은 왕자와 공주의 신분 정도는 유지합니다. 그러나 그 신분은 '만족의 결핍 프레임'이 작동하기 시작하는 초등 3, 4학년부터 급격히 추락하게 됩니다. 그 이후로는 끝 모를 내리막길이 기다리고 있을 뿐입니다. 중학생, 고등학생, 대학생, 실업자

(또는 비정규직)가 될수록 커지는 결핍과 함께 찌질이, 무능력자, 쓰레기, 악마로 변해 갑니다. 대놓고 말하지 않더라도 부모의 눈빛에 그런 것들이 담겨 있다면, 아이들은 그렇게 정체감을 형성해 갈 것입니다. '만족의 결핍'이라는 이 악마를 어떻게 하면 좋을까요?

저는 가난한 마음과 가난한 삶의 미덕을 잘 보여 주는 체로키 인디언들에게서 그 해답을 엿보았습니다.

선물을 할 때 생색을 내는 건 그들의 문화에서 있을 수 없는 일입니다. 무슨 뜻을 달거나 이유를 붙이는 일도 없습니다. 말없이 상대의 발치나 문 앞에 선물을 놔두고 오는 것이 전부입니다.

선물을 받는 사람에게도 지켜야 할 예의가 있습니다. 자신이 받을 자격이 있는지 숙고한 후에 자격이 있다고 판단될 때만 말없이 받습니다. 만약 선물을 준 사람에게 고맙다는 인사를 한다면 대단히 어리석고 무례한 행동을 하는 것입니다. 체로키인들은 선행에 대해 칭송받는 것을 부끄럽게 여기기 때문입니다. 자신을 드러내고 싶은 마음, 대우받는 것을 당연히 여기는 마음을 무시로 비워 낼 때, 우리는 '만족의 결핍'이라는 악마를 물리치고 깨끗한 마음에 이를 수 있을 것입니다.

남보다 잘 먹고 잘사는 것도 부끄러운 일일까요?

얼마 전 한 여대생이 자살한 사건은 우리의 대학이 얼마나 위중한 병에 걸렸는지를 보여 줍니다. 그 여대생은 몸이 아픈 어머니와 단 둘이 살고 있었습니다. 그녀가 극단적인 선택을 한 이유는 학자금 대출금을 갚기 위해 휴학을 하고 돈을 벌었지만 아무리 일해도 대출금과 이자를 감당할 수 없었기 때문이라고 합니다. 휴학과 복학을 거듭하며 졸업을 한 후에도 취업할 희망이 없다는 것이 더 절망적이었을 것입니다.

우리 사회는 이제 대학에 대해 솔직하고 현실적인 질문을 할 때가 된 듯합니다.

"우리나라에서 대학은 과연 갈 만한 곳인가?"

대학 진학률이 84퍼센트에 이른 시점에서 너무 늦은 질문인지도 모릅니다. 취업에 실패한 수백만 명의 대졸자들 중에는 대학에 들어온 것 자체를 후회하는 이들이 부지기수라고 합니다. 그런데도 왜 고졸자들은 다른 선택을 하지 못한 채 실업이 기다리고 있는 대학에 들어가는 걸까요?

대입만을 바라보고 달려온 학생들에게 '대학에 들어가지 않는 길'을 상상하는 건 거의 불가능한 일입니다. 12년 동안 입시 감옥에 갇혀 있던 뇌가 입시 자체를 깨뜨리는 선택을 하기란 쉽지 않기 때문입니다.

그러나 대학 교육과 가정경제의 관계를 냉정하게 들여다볼 필요가 있습니다. 교육비 부담률이 경제협력개발기구OECD 중 최고인 우리나라는 대학생이 생기면 가정경제가 크게 휘청이는 구조를 갖고 있습니다. 고군분투 끝에 졸업한 뒤에는 수천만 원의 학자금 대출금을 떠안거나 저임금의 비정규직으로 살아야 합니다. 이런 낭떠러지나 늪이 기다리고 있는데도 굳이 대학에 들어가는 이유는 무엇일까요? 한국사회는 대학을 나오지 못하면 사람대접을 받을 수 없는 곳이라는 인식 때문일 것입니다. 그러나 많은 대학생들이 졸업과 함께 비정규직 신세가 되면서 대학을 나와도 사람대접을 받을 수 없는 현실에 직면합니다.

2,500년 전에 아리스토텔레스는 "최고임금이 최저임금보다 5배 이상 차이가 나는 사회는 불안한 사회다"라고 말했습니다. 그러나 우리가 살고 있는 사회는 최고경영자와 노동자의 월급 차이가 수백 배, 또는 수천 배에 이릅니다. 낮은 임금보다 우리를 더 불행하게 만드는 것은 '최고임금과의 격차'인지도 모릅니다.

인도에서는 섭씨 20도에서도 얼어 죽는 사람이 생긴다고 합니다. 섭씨 40도에서 섭씨 20도로 떨어진 날 그 낙차를 감당하지 못하고 얼어 죽는 것입니다. 이것은 인간이라는 종이 '격차'에 취약한 시스템을 갖고 있다는 것을 보여 줍니다. 『오래된 미래』로 알려진 라다크 사회 사람들이 그러했습니다. 라다크 사회가 '오래된 미래'였을 때, 모두가 가난한 사회였을 때, 그들은 평화롭고 행복했습니다. 그러나 큰돈을 벌 수 있는 시장과 자본이 들어오고 부자가 생겨 나면서 그들의 삶은 비참해지기 시작했습니다. 모두가 평등하고 자족한 사회였던 라다크 공동체가 무너지는 데는 오래 걸리지 않았습니다. 십수 년 만에 라다크는 오래된 미래에서 붕괴된 과거가 되고 말았습니다.

학자금 대출금을 갚던 여대생이 자살한 이유도 바로 그 '격차' 때문일 것입니다. 아무리 일해도 대출금과 이자를 갚을 수 없었고, 병든 어머니의 생활까지 책임져야 했던 그녀는 '왜 내 인생만 이렇게 비참해야 하는가'라고 비명을 질렀을 것입니다. 십여 년 동안 열심히 공부한 죄밖에 없는 그녀에게 남은 것은 가진 자들과의 낙차가 가져온 상실감과 우울증뿐이었습니다. 수백만 명의 대학 졸업자들이 수천만 원의 빚을 떠안은 채 실업자와 비정규직으로 암담한 삶을 살게 되는 건 개인의 문제이기 이전에 시스템의 문제입니다.

인생의 큰 그림 속에서 대학 바라보기

현실을 냉정하게 직시할 필요가 있습니다. 이제는 명문대를 나와도 꿈의 정규직에 편입되기 어려운 시대가 되었습니다. 비정규직과 아르바이트, 자영업이 주를 이루는 직장은 더 이상 대학 졸업장을 필요로 하지 않습니다. 그런데도 80퍼센트가 넘는 학생들이 수천만 원의 등록금을 부담하며 대학에 몸담고 있습니다. 도시와 농촌을 막론하고 그로 인해 휘청거리는 가정경제 속에서 피폐한 삶을 살고 있는 사람들이 얼마나 많습니까.

한국사회의 시스템이 대학 입시와 정규직 일자리로 개인을 어떻게 옥죄는지 인생의 큰 그림을 보겠습니다. 다음은 〈한겨레신문〉 2009년 12월 22일자 자료입니다.

- 휘달리는 초딩 : 아침 7시부터 학습지 숙제를 하고, 학교 수업이 끝난 오후 2시에 피아노 학원으로 달려간다. 끝나기 무섭게 토익 공부하러 영어 학원에 가고, 수학 학원까지 끝내면 오후 5시. 집에 가서 저녁 먹자마자 학습지 선생님과 공부한다. 그리고 한자 공부와 컴퓨터 공부가 기다리고 있다.

- 숨 가쁜 고딩 : 수능 점수가 나왔는데, 정시는 어렵고 수시 2차를 알아보고 있다. 논술 시험 안 치는 학교를 봤더니 적성검사가 있다. 친구들은 요즘 토플에, 텝스, 봉사활동, 미국 대학 수능인 에스에이티(SAT)까지 딴다. 뭐든지 남들이 하지 않는 것을 찾아야 한다.

- 화려한 이태백 : 그래 봤자 졸업하면 이태백이다. 나도 스펙은 빵빵하다. 서울의 괜찮다는 대학을 나왔고, 토익 860점에 학점은 3.47이다. 해외 연수와 인턴십도 다녀왔지만 내년에 서

른을 앞두고도 여전히 백수다.
- '루저' 신드롬 직딩 : 대기업 계열사 연구원인데 연봉 4,500만 원이 안 된다. 우리나라 미혼여성이 원하는 배우자의 연봉은 4,579만 원이니 나도 루저인 건가. 요즘은 결혼도 스펙 시대다. 난 180센티도 안 되는 키를 만회해 보려고 피부과에 다니고 있다. 내년엔 변리사 시험 준비를 하려고 한다.
- 아직 배고픈 사오정 : 마흔인 나의 명함은 3개다. 서울 '스카이' 대학을 나와 외국계 회사에서 마케팅 업무를 하다 그만두고 경영학을 공부했고, 친구와 헤드헌팅 회사에서도 일했다. 대학에서 강의 의뢰도 들어오지만 아직 멀었다. 난 5년 안에 평생 쓸 돈을 벌어서 여생을 느긋하게 살 거다.

이 그림은 상위권을 달리는 사람들의 인생인데도 행복과 거리가 한참 멀어 보입니다. 하물며 공부가 적성에 맞지 않는 대다수 사람들의 삶은 어떻겠습니까? 그야말로 죽을 때까지 서두름에 쫓기는 인생입니다. 안젤름 그륀 신부는 『머물지 말고 흘러라』에서 "서두름이 악마를 발명했다"고 말했습니다. 서두름 속에서 성공과 스펙에 목을 맬수록 우리의 삶은 비참해지고 영혼은 피폐해집니다. 우리는 서두름의 악마에게 쫓기면서 악마를 닮아가고 있는 게 아닐까요?

우리 사회의 시스템은 대단히 불안정하고 위험한 상태로 변화하고 있습니다. 이 불안한 시스템에 적응하기 위해서는 무엇보다 대학에 대한 집착을 내려놓아야 합니다. 이제는 청소년 진로 상담가들도 적성에 맞지 않는 대학에 가는 것보다 외국이나 국내 직업학교를 다니는 것이 더 현명한 선택이라고 말합니다. 『호모 코뮤니타스』의 저자 고미숙은 자신의 조카를 예로 들며 그 길을 적극 권유합니다.

그녀의 조카는 대학을 포기하고 자신의 적성에 맞는 직업학교를 찾았습니다. 돈을 받으며 기술을 배운 그는 직업학교를 마쳤을 때 적지 않은 돈을 모을 수 있었습니다. 대학을 포기함으로써 가정경제가 얼마나 부담을 줄였는지를 계산해 보면 놀라운 결과가 나옵니다. 학원과 과외 등의 사교육비를 줄일 수 있었고, 수천만 원대의 대학 등록금과 취업 준비금까지 줄일 수 있었습니다. 실제로 조카가 대학을 포기함으로써 온 가정이 놀라울 정도의 여유로운 삶을 누릴 수 있었다고 합니다.

기업 면접관들은 앞으로 회사에서 신입사원에게 요구하는 것은 스펙보다 실무 능력이 될 것이라고 전망합니다. 물론 상위 5퍼센트에게는 스펙이 유효하겠지만, 나머지 95퍼센트에게는 '맡은 역할에 대한 열정'과 '사람들과 관계 맺는 능력'이 더 중요한 자질이 될 것입니다. 그런 능력은 취업 학원으로 전락한 오늘의 대학으로부터 결코 얻을 수 없는 것들이지요.

청소년을 둔 부모의 중요한 역할은 더 이상 성적과 스펙을 강요하는 게 아닙니다. 인생의 큰 그림 안에서 진로에 대한 고민과 탐구를 자녀와 함께하는 것입니다. 오늘의 청소년들에게는 대학이라는 틀을 벗어난 다양한 모색과 선택이 필요합니다.

부는 어떤 것이든 부끄러운 것입니다

부자가 많은 사회는 행복할까요? 라다크 사회는 부자가 생길수록 사회 구성원들이 불행해진다는 것을 보여 줍니다. 역사상 가장 부자가 많은 미국도 1960년 이후 이혼이 두 배로 늘었고, 청소년 자살이 세 배로 늘었습니다. 폭력 범죄가 네 배, 수감자가 다섯 배 늘었습니다. 우울증 환자는 2차 대전 이후 열 배로 늘었다고 합니다.

격차가 큰 사회일수록 절망과 죽음에 이를 확률이 높은 것은 큰 부를 얻기 위해 그만큼의 삶을 희생시키기 때문입니다.

세계 10대 경제대국이라는 우리나라의 모습은 어떻습니까? 우리 사회는 온 국민이 '더 많은 부'라는 허상을 쫓으며 에너지를 고갈시키는 삶을 살고 있습니다. 나라가 부유해지고 경제 규모가 커질수록 그만큼 성공에 이르는 경쟁의 사다리도 길어집니다. 아이들은 점점 더 어린 나이부터 선행 학습을 하게 되고, 더 많은 스펙을 쌓느라 빠르게 에너지가 고갈되고 있습니다. 이렇듯 더 많은 부는 사회 구성원들에게 축복이 아니라 재앙이 됩니다.

이 비인간적이고 파괴적인 시스템에서 벗어나기 위해서는 '부에 대한 패러다임'을 전환해야 합니다. 무한경쟁의 사회에서 부는 그 자체로 악이 아닐까요? 승자독식 사회는 내가 부유해질수록 어딘가에서 가난한 사람들의 재산이 줄어들 수밖에 없는 구조를 갖고 있습니다. 빈부격차는 본질적으로 남들보다 더 많이 가진 사람들 때문에 생기는 것이니까요. 엄밀히 말하자면 부는 정당한 방법으로 쌓은 것인가, 부정한 방법으로 쌓은 것인가와 상관없이 가난한 사람이 존재하는 한 부끄러운 것입니다. 마음이 깨끗한 사람은 부에 대해 새롭게 성찰하는 사람입니다. 부에 대한 정직한 성찰은 남보다 더 많이 가진 걸 자랑스러워하던 마음이 그것을 부끄러워하게 만듭니다. 이런 마음의 변화 없이는 경쟁과 폭력의 시스템에서 벗어나기 어렵습니다.

'우리 사회에서 마음이 깨끗한 사람은 누구일까'라고 물을 때 가장 먼저 떠오르는 사람은 안철수입니다. 백 억이라는 어마어마한 돈을 포기하는 일은 마음이 깨끗한 사람만이 할 수 있는 일일 것입니다. 그가 『영혼이 있는 승부』에서 한 말은 어떤 종교인의 말보다 사람들을 숙연하게 만듭니다.

> 나는 우주에 절대적인 존재가 있든 없든, 사람으로서 당연히 지켜 나가야 할 중요한 가치가 있다면 아무런 보상이 없더라도 그것을 따라야 한다고 생각한다.

안철수는 어떻게 구도자와 같은 숭고한 삶을 살 수 있었을까요? 그는 축복받은 유년시절을 보냈습니다. 병원 원장이었던 아버지 덕분에 70년대의 어려운 시절에 과외 수업을 받을 정도로 유복하게 지냈습니다. 자식들에게 존댓말을 쓰셨던 어머니 덕에 타인을 존중하는 사람이 되었습니다. 안철수는 우수한 두뇌와 탁월한 적응성을 타고났고 남다른 성실함도 갖추었습니다.

그러나 안철수처럼 천부적인 능력과 초인적인 성실성을 타고난 사람만이 마음을 비워 내고 숭고한 삶을 살 수 있는 건 아닙니다. 타고난 재능이 평범하거나 부족한 사람들도 그런 삶을 살 수 있습니다. 이를테면 어항 청소 일을 하는 양승학이라는 사람처럼 말입니다.

장일순의 『좁쌀 한 알』에 나오는 양승학은 원주 가톨릭 회관 지하에서 수족관을 운영하는 사람입니다. 그는 어느 날 장일순의 강의를 듣고 삶의 태도를 바꾸게 됩니다.

장일순은 만약에 대통령이 장관 자리를 줄 테니 서울로 올라오라고 할 때 그러겠다고 대답하는 사람이 있다면 그는 열심히 사는 사람이 아닐 것이라고 했습니다. 정말 열심히 사는 사람이라면 지금 하는 일을 정말로 사랑하고, 긍지를 느끼기 때문에 그 일을 마무리할 때까지 갈 수 없다고 대답할 것이라고 했습니다.

이 말을 가슴 깊이 새긴 양승학은 이전과 전혀 다른 삶을 살게 됩니다. 물론 그가 하는 일은 조금도 변한 게 없습니다. 그는 양동이를 들고 이 집 저 집 어항 청소를 다니면서도 조금도 부끄럽지 않다고 고백합니다. 자신이 있어야 할 자리에서 자신의 일에 정성을 다하기 때문입니다.

경쟁과 탐욕의 시스템을 변화시키는 것은 더 많이 갖는 것, 더 높이 올라가는 것에 목숨 걸지 않고 자신이 있는 자리를 족한 줄 알고 자기 일에 긍지를 갖는 사람들이 많아질 때 가능해질 것입니다. 사람답게 사는 사회는 남보다 잘 먹고 잘사는 것을 부끄러워하는 사람들, 가진 것을 내려놓을 줄 아는 사람들이 만드는 것입니다.

맺음말

인생은 비움을 배워 가는
시험장입니다

영화 〈매그놀리아〉에는 후회할 행동으로 삶을 낭비하다가 비극적인 최후를 맞는 사람이 나옵니다. 죽음을 앞둔 노인 얼이 그 사람입니다. 얼은 자신을 간병해 주던 의대생에게 이렇게 고백합니다.

"릴리는 내 인생 자체였네. 그녀는 도자기 인형처럼 예뻤어. 그런데 난 바람을 피웠어. 남자가 되고 싶어서였지. 내가 왜 그랬는지 몰라. 그녀는 23년 동안 내 아내였어. 나는 계속 딴 여자들과 놀아났어. 그리고 집에 와선 '당신을 사랑해'라고 말했지. 잭의 엄마 릴리한테 말이야. 그 둘은 내 곁에 있었는데. 난 결국 잃게 된 거야. 이런 게 후회야. 네가 받은 대가다, 뭐 그렇게 된 거지."

아들 잭은 아버지에게 버림받고 어머니의 죽음을 겪으면서 위악과 허세로 가득 찬 남자로 자라 있었습니다.

얼의 고백은 계속됩니다.

"어떤 실수는 괜찮을 수 있지만, 절대 해서는 안 되는 실수가 있어. 릴리가 암에 걸렸을 때, 난 그녀에게 안 갔네. 잭이 그녀를 돌봐야 했지. 그 앤 열네 살이었어. 엄마가 죽는 걸 목격해야 했지. 그런데도 난 안 갔어. 그녀는 죽었어. 그녀는 내가 범한 모든 일들을 알고 있었어. 빌어먹을 후회! 난 곧 죽을 걸세. 후회할 짓은 하지 말게."

얼은 전처가 암에 걸렸을 때, 그녀를 찾아가 돌보고 임종을 지켰어야 했습니다. 그리고 아들 잭을 거두고 양육했어야 했습니다. 그러나 그는 끝내 아내의 죽음과 아들의 고통을 외면했습니다. 그 결과 아들은 케이블 TV에서 '여자를 정복하는 기술' 따위를 강연하는 괴물이 되어 버렸고, 비참하게 삶을 마감해야 했습니다. 『생의 수레바퀴』의 저자 엘리자베스 퀴블러 로스에 따르면 이런 죽음은 '나쁜 죽음'입니다. 그녀가 말하는 좋은 죽음은 이렇습니다.

엘리자베스는 어린 시절, 과수원 주인의 죽음을 가까이에서 목격합니다. 과수원 주인은 병원에서 의사로부터 가망이 없다는 말을 듣고는 자기 집에서 죽음을 맞겠다고 합니다. 엘리자베스의 가족이 그의 집으로 달려갔을 때 그는 가족과 아이들에게 둘러싸여 있었습니다. 방에는 들꽃들이 가득했고 침실 창문으로 들판과 과수원을 바라볼 수 있었습니다. 과수원은 그의 노동의 결실이었고, 그가 살아온 증거였습니다. 그는 사랑하는 사람들에게 둘러싸인 채 자신의 생애가 담겨 있는 과수원을 바라보며 죽었습니다. 가족은 하고 싶은 말을 모두 전했고 '후회 없는 슬픔'에 잠겼습니다. 그의 죽음과 함께했던 존엄과 사랑과 평안은 엘리자베스에게 평생 잊을 수 없는 인상을 남깁니다.

그리스의 철학자 솔론은 "행복한 사람은 누구인가?"라는 질문에 "누구도 죽음을 맞기 전까지는 진정으로 행복한 사람이었는지 알 수 없다"고 대답했습니다. 그렇습니다. 많은 경우 '죽음 앞에서의 모습'이 그의 삶의 모든 것을 말해 줍니다. 죽음에 대한 성찰은 삶을 정금처럼 뜨겁게 정화시켜 줍니다. 그러므로 죽음 앞에 선 자신의 모습을 그려 보는 것은 매우 소중한 일입니다. 날마다 자신의 죽음을 성찰하는 사람은 죽음에 이르기까지의 긴 여정을 '의미 있고 아름다운 이야기'로 만들어 갈 것입니다. 그런 사람들에게는 일상에서 만나는 모든 사건들이 우연에 그치지 않고 의미가 생깁니다. 모든 우연들이 한 편의 인생 이야기 속에서 맥락을 부여받기 때문이지요.

납득할 수 없던 죽음들

제게는 납득할 수 없었던 죽음이 두 가지 있습니다. 두 번 다 직접 목격한 것은 아니었습니다만, 죽어서는 안 될 사람들이 허무하게 죽었다는 사실이 도무지 받아들여지지 않았습니다.

첫 번째 죽음은 10년 전쯤에 동생으로부터 전해 들었습니다. 동생의 교회에서 여름 수련회를 갔다가 한 고등학생이 목숨을 잃고 말았습니다. 법 없이도 살 만큼 착했던 그 학생은 자신의 죽음을 직감한 듯했다고 합니다. 해마다 수련회에 적극적으로 참석했는데, 그해 여름에는 한사코 가지 않겠다고 했다는 것입니다. 중고등부 담당 전도사의 끈질긴 설득으로 수련회에 동참했던 그는 물놀이만큼은 가지 않겠다고 고집을 부렸습니다. 그랬던 그를 고등부 친구들이 한사코 구경이나 하라며 바닷가로 데리고 갔습니다. 그런데 갑자기 밀어닥친 집채만 한 파도가 오직 그 학생만 낚아채 갔다고 합니다.

이 이야기를 들은 후 저는 오랫동안 이런 의문에 휩싸였습니다. '죽음 속으로 들어가지 않으려고 발버둥 쳤던 착한 영혼을 끝끝내 바닷속으로 끌어들였던 운명의 뜻은 무엇이었을까?'

몇 년 후, 제가 다니던 교회에서도 비슷한 사건이 일어났습니다. 미국 하와이로 선교 훈련을 떠났던 건실한 청년이 훈련을 받다가 파도에 휩쓸려 목숨을 잃은 것입니다. 두 젊은이 모두 선하고 아름다운 사람들이었습니다.

의문이 꼬리를 물고 더해졌습니다. '왜 하느님은 하필이면 그토록 세상에 꼭 필요한 사람들만 데리고 가셨을까?', '그들의 죽음에 하느님의 뜻이 없다면, 그것은 단지 우연이 만들어 낸 죽음일까?' 그토록 아름다운 영혼들이 우연히 죽은 것이라는 해석은 더 납득이 되지 않았습니다. 풀리지 않는 의문들은 '우리가 세상에 온 이유가 무엇인가'라는 근본적인 질문을 하게 만들었습니다. 거듭 궁구한 끝에 저는 이런 답을 얻게 되었습니다. '우리가 세상에 태어난 이유는 아름다운 영혼으로 성장하기 위해서이다.'

엘리자베스 퀴블러 로스는 그런 영혼을 '조건 없는 사랑을 배운 영혼'이라고 말합니다. 인생의 의미에 답을 찾자, 두 젊은이의 죽음에도 의미를 부여할 수 있었습니다.

'그들은 어린 나이였음에도 아름다운 영혼으로 성장했기 때문에 하느님의 부름을 받은 것이다.'

그런 답을 얻고 난 후에야 저는 그들의 죽음을 납득할 수 있었습니다. 그리고 저도 죽음에 이르기 전에 그들처럼 성숙한 영혼을 갖게 되기를 소망하게 되었습니다.

『네가 바로 그것이다』의 저자 조셉 캠벨은 마틴 루터 킹의 죽음을 설명하면서 '죽음의 은밀한 원인'에 대한 심오한 사유를 들려줍니다. 마틴 루터 킹 목사는 흑인 인권 운동의 지도자가 되면서부터 인종차별주의자들의 암살 표적이 되었습니다. 킹 목사는 암살의 두려움을 놓고 밤새도록 기도하고 난 후 이런 고백을 남깁니다. "나는 정의를 위해서, 그리고 이 목적을 위해서 내가 죽음을 무릅쓴다는 것을 압니다."

조셉 캠벨은 우리 삶의 여정 자체가 바로 우리 죽음의 은밀한 원인이 된다며 이렇게 설명합니다.

> 다른 사건이 아니라 바로 이 사건이 죽음의 계기가 된다. 다른 시간이나 다른 장소가 아니라, 특정한 방식으로 사람이 죽게 되는 우연한 사건은 그의 운명의 성취이다. 죽음 그 자체는 부차적이다. 사건 전체에 걸쳐 드러나야 할 것은 지금까지 살아온 삶의 엄숙함이며, 죽음 사건도 그 삶의 일부분일 뿐이다.

마틴 루터 킹의 죽음처럼 두 젊은이의 죽음도 우연한 사건이 아니었습니다. 두 젊은이의 '삶의 여정 자체가 원인이 되어' 물사고를 만난 것이었습니다. 그들은 가장 아름다운 영혼으로 하느님의 부름을 받은 것입니다.

인생은 가난한 마음을 배우는 시험장입니다

엘리자베스의 삶은 인생이 성숙한 영혼을 향한 여정임을 잘 보여 줍니다. 엘리자베스는 세 쌍둥이 중 첫째로 태어났습니다. 그녀는 어머니조차 가끔 알아보지 못할 정도로 똑같이 생긴 세 명의 여자아이 중 한 명으로 태어난 자신의 정체성에 대해 늘 의문을 품고 살아야 했습니다.

'나는 왜 이렇게 태어나야만 했을까?'

엘리자베스는 자신의 존재 가치를 증명하기 위해서 남보다 열 배의 노력을 쏟아 부어야 했다고 합니다. 그녀는 그 고통이 삶에서 부딪히는 일들에 맞설 용기와 결단력과 인내심을 얻게 해 주었다고 고백합니다.

그녀는 어렸을 때 고열로 병원에 입원을 했는데 그곳에서 불치병에 걸린 소녀와 잊을 수 없는 만남을 갖습니다. 소녀는 여덟 살이었는데 찾아오는 사람이 아무도 없었습니다. 그런데도 죽음을 전혀 두려워하지 않았습니다. 죽음을 맞던 날, 소녀는 엘리자베스에게 평온한 얼굴로 이렇게 말했습니다.

"나는 오늘밤 떠날 거야. 괜찮아. 나를 기다리는 천사들이 있는걸."

소녀는 저녁이 지나면 밤이 오듯이 그렇게 자연스럽게 죽음 속으로 들어갔습니다. 엘리자베스는 그 소녀가 다른 세계의 사람들로부터 보살핌을 받고 있다는 것과 더 좋은 세계로 옮겨 갔다는 걸 알 수 있었다고 합니다.

죽음은 엘리자베스의 삶을 끌고 간 수레바퀴였습니다. 전장에서 병사들을 간호하면서 무수한 죽음을 목격했던 그녀는 죽음을 앞둔 이들이 편안하게 임종을 맞도록 돕기 시작합니다. 그리고 죽어 가는 사람들 중에서 타인과의 관계를 갈망하지 않는 사람은 하나도 없다는 것을 알게 됩니다. 그녀는 몇 시간이나 죽어 가는 환자들 곁에 머물며 말을 걸었고, 그들이 운명을 받아들이려고 싸우는 모습을 지켜보았습니다. 그러면서 진심을 나눌 수 있는 사람이 옆에 있으면 죽어 가는 사람들도 언젠가는 모든 것을 받아들이는 단계에 이른다는 것을 알게 됩니다.

엘리자베스는 죽어 가는 사람들이 살아 있는 사람들에게 이런 깨달음을 전해 주었다고 말합니다.

"죽음은 삶의 가장 중요한 한 부분이다. 마지막 순간까지 좋은 삶을 살지 못한 사람은 아름다운 죽음을 맞이할 수 없다."

엘리자베스는 에이즈에 걸린 어린이들을 위한 공동체를 운영하다가 주민들에 의해 농장과 센터가 잿더미로 변하는 불행을 당하기도 했습니다. 그 사건을 겪은 후 그녀는 이렇게 고백합니다.

"삶은 학교에 다니는 것과 같다. 많은 숙제가 주어진다. 배우면 배울수록 숙제는 더 어려워진다. 집에 일어난 불은 그런 숙제의 하나이자 배움의 시간이었다. 상실을 부정해도 아무런 도움도 되지 않는 이상, 나는 그것을 수용했다. … 과제를 다 배우고 나면 고통은 사라져 없어진다."

진정 삶은 누구에게나 어렵고도 힘든 싸움일 것입니다. 왜 인생에는 시험과 고통이 끝나지 않는 것일까요? 영화 〈매그놀리아〉에는 이런 노래가 나옵니다.

사랑! 당신이 처음 시작했을 때, 생각했던 것과 똑같나요? 당신이 원하던 걸 얻었지만 견디기 힘들죠? 고통은 멈추지 않을 거예요. 당신이 현명해질 때까지는. 이 세상을 끝내기 전까지 그건 멈추지 않을 거예요.

엘리자베스는 이 노래에서 더 나아갑니다. 그녀는 인생은 조건 없는 사랑을 배우는 시험이라고 말합니다. 그 사랑은 가난한 마음을 연마한 사람만이 할 수 있는 것입니다. 그러므로 저는 이렇게 말해 보겠습니다. "인생은 가난한 마음을 배우는 시험이다."

인간의 감정은 크게 사랑과 두려움이라는 두 개의 감정으로 집약된다고 합니다. 인간은 사랑하거나 두려워하기 때문에 뭔가를 하거나 하지 않습니다. 피에르 신부님은 두려움에 대해 이렇게 말합니다.

"참된 두려움은 자기 자신에 대해 두려움을 갖는 것이다. 상대에게 고통을 줄까 봐, 그를 다치게 하고 잃게 될까 봐 두려워하는 마음이다. 형제와 이웃을 충분히 사랑하지 못할까 봐 두려워하는 마음이다."

이 두려움을 잃지 않는다면, 우리는 가난한 마음으로 한 걸음씩 나아갈 것입니다. 왜 쉬운 길을 놔두고 가난한 마음을 가지고 살아가야 하는지 물으시는 분들께 다시 한 번 말씀드리고 싶습니다. 좋은 인생이 우리를 좋은 죽음으로 인도합니다. 삶의 여정이 우리의 죽음을 결정합니다. 그리고 그 길에 가난한 마음이 있습니다.

❋ ❋ 부록_공동체와 접속하기

아이들을 가장 불행한 존재로 만드는 건 누굴까? 엄친아일까? 엄친아는 실체가 없는 비존재이니 무시하면 그만이다. 아이들을 가장 불행한 존재로 만드는 건 바로 옆집 학부모들이다. 우수한 학원과 고액 과외 등 고급 사교육 정보를 갖고 있거나 그것을 찾는 데 혈안이 된 학부모들. 경쟁의 열차에 올라탄 그들은 스스로 강력한 무력에 포위된 걸 모른다. 경쟁은 결국 전쟁의 다른 이름일 뿐이다. 전쟁은 보이는 무력으로, 경쟁은 보이지 않는 무력으로 폭력을 행사한다는 차이가 있을 뿐. 경쟁에 올라탄 사람들의 의식에는 막연한 불안이 자리 잡고 있을 것이다.

이 무력의 포위망에서 벗어나기 위해서는 적극적이고 창조적인 대응이 필요하다. 사적인 삶을 공적인 삶으로 재구조화하는 작업이 필요하다. 옆집 학부모들과의 관계는 철저히 개인적 이익을 쫓는다는 점에서 사적인 영역에 속한다. 공적인 만남, 곧

'더불어 사는 공동체'와의 만남이 절실히 필요한 이유다. 그런 공동체 속에는 경쟁의 영역이 따라올 수 없는 신세계가 있다. 예술과 문학, 철학 등의 활동으로 고양되는 정신의 세계가 있으며, 마을과 축제, 생태와 환경이 이끄는 지속 가능한 미래가 있다.

관계의 재구조화와 삶의 재창조는 과연 크고 거창한 일일까? 대안 공동체를 이끌어 가는 사람들은 한목소리로 "그렇지 않다"고 말한다. 그들은 마음이 맞는 사람이 세 명 이상만 모이면 변화가 가능하다고 말한다. 몇 사람이 집에서 배우고 싶은 공부를 시작했다가 마을의 문화를 이끌어 가는 공동체로 성장한 '문탁 네트워크'가 그 예다.

당장 뜻이 맞는 사람들끼리 모여서 이런 모임을 시작해 보자. 내 이야기에 귀를 기울여 주는 공동체에 속해 있는 사람은 행복한 사람이다. 그 공동체는 내가 귀 기울여 들을 만한 이야기를 갖고 있는 사람들의 모임이기도 하다. 그 한 걸음이 삶을 재창조하고 관계를 재구조화하는 길로 인도해 줄 것이다.

가난한 마음을 실천하는 대안 공동체들

• 연구공간 수유너머 www.transs.pe.kr
청소년에서 6080에 이르기까지 전 세대에 걸쳐서 인문학과 글쓰기 공부가 가능한 커뮤니티. '청소년 고전 학교', '카프카, 장편 읽기', '나는 잉여다', '희곡으로 이야기 쓰기' 등 고전과 철학 강좌와 세미나들이 즐비하다.

학문을 사랑하는 청년과 청소년들이 공부해서 먹고사는 법을 배우는 곳. 학벌에 관계없이 강사가 되며 책을 쓰기도 한다. 책과 강의로도 생활이 가능한 인문학적 삶을 꿈꾼다.

• 대안교육 민들레 읽기 모임 cafe.naver.com/mindlehis

'스스로 서서 서로를 살리는 교육, 삶이 곧 배움이 되는 새로운 길'을 모토로 하는 대안교육 공동체. 격월간지 〈민들레〉 등을 간행한다.

초중등 대안학교, 홈스쿨링 등에 대한 풍부한 정보가 있으며, 청소년들의 다양한 체험 학습 프로그램들을 운영하고 소개한다.

양서를 선정하여 독서토론을 하는 '민들레 읽기 모임'이 77회에 이를 정도로 회원들의 참여도가 높다.

• 사교육걱정없는세상 cafe.daum.net/no-worry

〈노 워리 상담 넷〉을 통해 '학습/생활 및 심리', '사교육과 가정경제', '영어/수학 사교육', '인터넷 중독', '독서 지도' 등에 대한 상담을 온라인으로 받을 수 있다. noworry-sangdam@hanmail.net으로 비공개 상담이 가능하며, 공개 상담 내용을 통해 간접 정보를 얻을 수 있다.

'등대지기 학교', '미니 대학', '진로 학교' 등 사교육을 최소화하거나 넘어서서 공부할 수 있는 다양한 진로와 정보를 제공한다.

• 풀무농업고등기술학교 www.poolmoo.or.kr

'더불어 사는 평민'을 키우는 50여 년 전통의 대안학교. 출신 졸업생들이 유기농 마을 공동체를 일궈 온 역사를 담고 있다.

유기농 농사꾼을 키우는 '풀무학교 전공부', 장애인과 더불어 사는 직장 '꿈뜰', 문당 마을, 홍동 생협, 갓골 어린이집 등 경쟁을 하지 않고도 행복하게 살 수 있는 문화생활 공동체의 모습을 볼 수 있다. 문당 마을은 녹색체험, 축제 등 다양한 활동으로 도시와 농촌을 연결하고 있다.

• 문탁네트워크 moontak.cafe24.com

즐기는 예술을 추구하는 마을 청년들의 '쪼끄만 공연', 시설에 거주하는 청소년들과 함께하는 '악어떼 서당' 등 마을과 어우러져서 인문학을 배우고 실천하는 커뮤니티.

'월요 비전 세미나', '일리히 세미나', '기획 세미나', '의역학 강좌', '철학 강좌' 등이 활발하게 펼쳐지고 있다.

'가족을 넘어 마을로'라는 주제로 가을에 '문탁 인문학 축제'를 연다.

• 대안연구 공동체 www.ecoleerasmus.org

청소년과 성인을 위한 다양한 강좌 프로그램과 동아리 활동이 활발히 이루어지는 연구공동체.

'곰브리치의 서양미술사', '플라톤에서 베르그송까지(서구존재론사)' 등 학술 강좌가 풍부하다. '인문학자와 영화읽기', '목공, 가구 만들기', '러시아 장편읽기' 등 다양한 동아리 활동도 이루어진다.

❋ ❋ 부록_참고도서

강수돌, 『강수돌 교수의 '나부터' 교육혁명』, 2003
고미숙, 『호모 코뮤니타스』, 그린비, 2010
고미숙, 『공부의 달인, 호모 쿵푸스』, 그린비, 2007
김규항, 『B급 좌파: 세 번째 이야기』, 리더스하우스, 2010
김상복, 『엄마, 힘들 땐 울어도 괜찮아』, 21세기북스, 2004
김용규, 『영화관 옆 철학카페』, 이론과 실천, 2004
더글러스 러미스, 『경제성장이 안 되면 우리는 풍요롭지 못할 것인가』, 녹색평론사, 2011
박경철, 『시골의사의 아름다운 동행』, 리더스북, 2005
박지성, 『나를 버리다』, 중앙북스, 2010
백지연, 『뜨거운 침묵』, 중앙북스, 2010
사교육걱정없는 세상, 『아깝다 학원비』, 비아북, 2010
사토 마나부, 『수업이 바뀌면 학교가 바뀐다』, 에듀 케어, 2006
서영남, 『민들레 국수집의 홀씨 하나』, 휴(休), 2010
아베 피에르, 『단순한 기쁨』, 마음산책, 2001

안철수, 『CEO 안철수, 영혼이 있는 승부』, 김영사, 2005
앤서니 드 멜로, 『깨어나십시오!』, 분도출판사, 2005
안젤름 그륀, 『머물지 말고 흘러라』, 21세기북스, 2008
엘리자베스 퀴블러 로스, 『생의 수레바퀴』, 황금부엉이, 2009
장영희, 『내 생애, 단 한번』, 샘터, 2010
장영희, 『문학의 숲을 거닐다』, 샘터, 2005
장영희, 『살아온 기적, 살아갈 기적』, 샘터, 2009
전인권, 『남자의 탄생』, 푸른숲, 2003
조셉 캠벨, 『네가 바로 그것이다』, 해바라기, 2004
지강유철, 『장기려, 그 사람』, 홍성사, 2007
체피 보르사치니, 『엘 시스테마, 꿈을 연주하다』, 푸른숲, 2010
최성현, 『좁쌀 한 알』, 도솔, 2004
포리스트 카터, 『내 영혼이 따뜻했던 날들』, 아름드리미디어, 2003
한비야, 『그건, 사랑이었네』, 푸른숲, 2009
한비야, 『지도 밖으로 행군하라』, 푸른숲, 2005
헬레나 노르베리 호지, 『오래된 미래』, 중앙북스, 2007
A. S. 닐, 『자유로운 아이들 서머힐』, 아름드리미디어, 2006
M. 스캇 펙, 『그리고 저 너머에』, 율리시즈, 2011